基礎から分かる
会話コミュニケーション
の分析法

高梨克也 著
Katsuya Takanashi

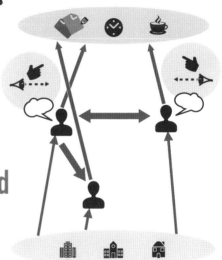

Conversation and
Communication
Analysis

ナカニシヤ出版

本書のねらい

　コミュニケーションを研究するということは，コミュニケーションに参加している互いに独立した（バラバラな）個々人を出発点とするのではなく，話し手と聞き手の間の相互依存的な関係を最も基本的なレベルとして据えることです．「コミュニケーション」と銘打った多くの教科書などがこの基本的なポイントを外しています．

　話し手と聞き手の間の相互依存的な関係を基本にするためには，プロセスを扱うことが不可欠になります．話し手と聞き手が互いに相手の反応を参照しながら行動していくことによってコミュニケーションが達成されるということは無時間的な「一瞬」では論理的に不可能だからです．そのため，本書では，さまざまなコミュニケーションのプロセスのパターンを扱います（これらのパターンの中には社会的な「規則」と呼びうるものもそうでないものも含まれます）．

　その一方で，「分析法」は目的ではなく手段です．つまり，これを用いて何を理解し，発見できるかが重要だということです．会話コミュニケーションを分析することによって，コミュニケーションが社会の中で果たしている役割や認知環境の中で課せられている制約など，各分析者にとって関心のあることがらが解明されることが目標です．

　現代社会ではサービス産業化が進んでいます．そして，さまざまなサービス場面において中心的な役割を果たしているのが会話などの（多くの場合対面での）コミュニケーションであることは多くの人々の異論のないところだと思います．実際，こうしたコミュニケーション場面での心構えなどを論じたものや具体的なテクニック（ハウツー）を紹介した一般書も次々と刊行されています，しかし，その一方で，コミュニケーションが「実際にどのように行われているか」を明示的な方法論を用いて観察し，理論的かつ体系的に説明しようとする研究はまだまだこうした実社会のニーズに追いついていないというのが現状です．その意味で，会話コミュニケーションの研究は，言語学や心理学，社会学などの限られた分野のものではなく，会話コミュニケーションに関連のあるあらゆる学術的および社会的分野・領域にもっと開かれたものとなっていくべき

図 0-1　本書の位置づけ

だと思います．私自身がこうした会話コミュニケーションの分析手法を応用している分野だけでも，情報技術，医療，科学コミュニケーション，経営コンサルタント，組織論，スポーツなど，さまざまなものがあります．対象とする読者層についても，何らかの目的で会話データの分析を始めようとしているさまざまな分野の初学者に最初に参照していただけるようにしたつもりです．自分自身が職務などの社会生活の中で行っているコミュニケーションのしくみを知り，またその中で漠然と感じている問題点のようなものを特定して，改善につなげていけたらよいと思いませんか．

　もちろん，コミュニケーションを対象とした研究はいろいろあります．しかし，これらの分野の多くでは，それぞれの学術分野の中で価値を持つ「理論」の構築が主眼となっているため，われわれが日々経験ないし目撃しているリアルなコミュニケーション現象をダイレクトに取り扱うという点では不満もありました．他方で，日々コミュニケーションを行っている人々の中には，コミュニケーションが職務の重要な一部となっている人も多く，これらの人々はそのためのさまざまなコミュニケーションスキルを身につけています．しかし，こうした「実践知」は暗黙的なもので，誰かに説明したり教えたりするのは意外と困難なものです．そこで，本書では，学術研究の持つ「理論」と実社会における「実践」とを「分析」によって架橋することによって，さまざまな立場の多くの人がわれわれが行っているコミュニケーションの実態に迫っていくことをサポートできないかと考えました．

　こうした点を意識して，本書は以下のような 2 段階かつ 2 方向での「拡張」という方針によって徐々に学習を進めていけるよう構成されています．まず，

第 1 部（第 1 章〜第 3 章）では，会話コミュニケーションの分析をする上で欠かせない基本的な分析概念と考え方を導入します．次に，第 2 部の第 4 章と第 5 章ではそれぞれ，これらの概念をマルチモーダル，多人数という二つの方向に拡張していきます．これらの基本概念が分かりやすく観察できるよう，ここでは研究の目的に合わせて実験的に収録した会話データを用いた分析を行います．さらに，第 3 部の第 6 章と第 7 章では，多人数とマルチモーダルという方向性をそれぞれ社会的環境と認知的環境の複雑さに対応するべく，さらに拡張する段階に挑戦します．ここでは自然な社会的・認知的環境での会話コミュニケーションを分析対象とすることが不可欠であるため，第 2 部のような実験的に収録されたデータではなく，「たとえ収録が行われなかったとしても同様に行われたはずの会話」のみを対象とすることにします．なお，第 2 部以降については，多人数会話の持つ社会的側面に興味がある場合には第 5 章と第 6 章をセットにして，またマルチモーダルインタラクションの持つ認知的側面に興味がある場合には第 4 章と第 7 章をセットにして学習を進めるという方法も可能です．

　また，本書の各章はすべて，前半が「理論編」，後半が「分析編」となっています．分析編は著者自身がこれまでに行ってきた，あるいは現在も取り組んでいる，会話データを用いた具体的な分析を題材として，その要点を理論編の論点に合わせてダイジェストで紹介したものです．卒業論文などのように，自分自身の研究として，特定のトピックに関する具体的なデータ分析を行う場合には，これらの分析編の中での分析手続きに関する工夫には参考になる点もあるかと思います．ただし，その反面で，これらの分析については，必ずしも理論編の内容ほど一般的に認知されていない論点や，異論がありうる主張も含まれています．その意味では，理論編と分析編はそれぞれ「基礎編」と「応用編」という側面も持っています．ですので，特に深く知りたい章以外については，はじめは分析編は飛ばして，理論編だけを最後まで一読してから，自分が興味がありそうな章についてのみ，分析編に立ち返るという進め方もあるでしょう．理論編だけならば，すべての章の合計でも 60 頁程度です．

　本書では，読者が実際の会話データを対象とした分析を自力で試行錯誤しながら行っていくための手助けとなることが目指されています．その際，理論

_iv_

編で紹介されている分析概念の基礎を全く知らずにデータに「体当たり」することはあまり勧められませんが，その一方で，理論だけにとらわれ，実データとの格闘をしないまま，理解した気にだけなるという態度も避けたいところです．頭を使って考えるという側面と手を動かしながら試行錯誤するという側面との間でのバランスを意識しながら学習を進めていただければと望みます．幸い，会話コミュニケーションの研究では，高校までの基礎科目の学力などはあまり前提とされません．何といっても「会話」は大半の人が日常的に行うことができているものだからです．その意味では，未知の現象を発見するというよりも，普段は意識せずにやっていることを「再発見」するという姿勢で，気軽に臨んでいただければと思います．

　また，自力で研究を進めるということは必ずしも部屋にこもって一人だけでやらなければならないということではありません．実際，本書の各章の分析編で紹介している研究例の多くは，著者が共同研究者と共に進めてきたものです．片手に理論，もう片手にデータを持ち，それらを仲間と共有しながら，共に議論するということも，研究をより実り多いものとしていくための重要な方法の一つです．授業などで使用する際には，ぜひともグループワークなどを組み込む工夫もしていただければと考えています．

　なお，各分析概念などについての参考文献としては，入門書という性格を考え，原典だけでなく，なるべく日本語で書かれた解説書なども挙げるようにしています．また，巻末には基本図書を中心とした「ブックガイド」も設けましたので，ご利用いただければと思います．

目　　次

第1部　会話コミュニケーション分析の基礎

第 2 部　理論的拡張

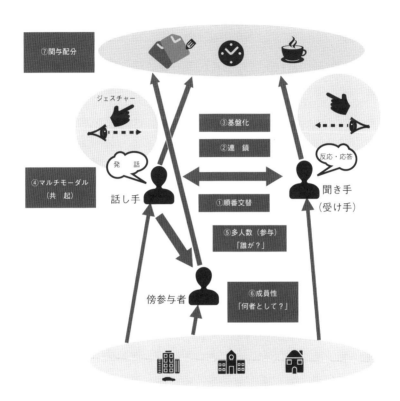

図 0-2　本書の全体像：2 段階かつ 2 方向での拡張

①〜③：会話コミュニケーションの分析で不可欠な基本概念（第 1 部）
④〜⑤：基本概念を多人数とマルチモーダルという 2 つの方向に
　　　　理論的に拡張（第 2 部）
⑥〜⑦：現実の社会的，認知的環境の複雑さに応用できるよう再拡張（第 3 部）

第1部
会話コミュニケーション分析
の基礎

　会話が成り立つための最少人数は二人です．また，二人の人間さえいれ
ば，その他に何もない状況でも会話は可能です．そこで，この第1部では，
はじめに，会話であればどのようなものであっても見られる，順番交替（第
1章）と隣接ペア（第2章）という二つのメカニズムを扱います．これら
は会話分析 conversation analysis と呼ばれる分野においても一つの中心的
なトピックとなっています（Sacks et al. 1974；Schegloff 2007；Sidnell
& Stivers 2012）．一方，第3章で取り上げる基盤化は，理論的にはどのよ
うな会話コミュニケーションにも共通して当てはまるものの，その代表的
な現象の一つであるあいづちは日本語会話の特徴でもあります．

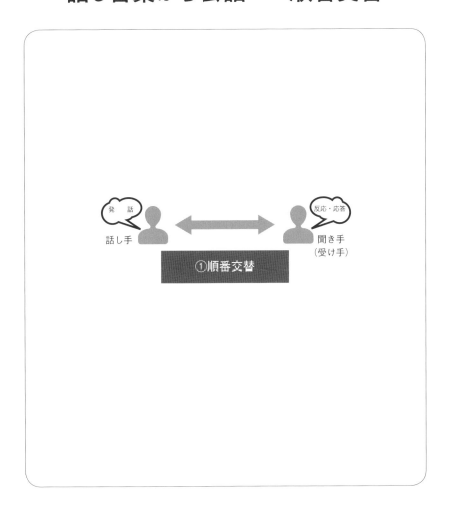

第1章
話し言葉から会話へ：順番交替

【A：理論編】

A-1　話し言葉と会話

　言語学でも近年は書き言葉だけでなく，話し言葉を対象とした研究が増えつつあります．日本語の話し言葉の研究に大きく貢献した『日本語話し言葉コーパス（CSJ）』[1] の例を見てみましょう．

【例 1-1】

1　で 〈P〉〈接続詞〉それは（F ん）どういうクイズかって〈引用節〉言うと〈P〉〈条件節ト〉−
2　何か北海道の〈P〉タンチョウの飛来地で有名な〈P〉鶴居村とかいう場所があるんですが〈P〉／並列節ガ／
3　そこ〈P〉で〈P〉何羽タンチョウが飛来するかっていうので〈P〉〈理由節ノデ〉−
4　その〈P〉友人（A エー；A）の〈P〉お父様が〈P〉野鳥好きで〈P〉／並列節デ／
5　それで〈接続詞 L〉応募したら〈条件節タラ〉当たったっていう〈トイウ節〉ことで〈P〉／並列節デ／
6　で〈P〉〈接続詞〉行くことになりました〈P〉［文末］

　この例では，文の最初の「どういうクイズかって言うと」（1 行目）と最後の「行くことになりました」（6 行目）とが形式的には必ずしも対応していません．つまり，文の途中で内容が徐々に変化していっているように見えます．しかし，文末形は最後の 6 行目の「なりました」まで生起しません．このように，特にSOV 語順（S は主語，O は目的語，V は動詞（述語）です）であり，V の末尾の形式によって文末が表示される日本語のような言語の話し言葉では，言語学的な研究の土台である「文」という単位が自明ではないという問題があります．この問題に対処する方法として，CSJ では文末以外のさまざまな節末形式に着目し，これを境界の大きさによって分類することで（〈***〉，／ *** ／，［***］），必ずしも文末形ではない箇所でも発話単位を区切る「節単位」を定義し，利用しています（高梨ら 2004，丸山ら 2006，高梨・伝 2009，丸山 2015）．
　しかし，これは CSJ が講演のように一人の話者が話し続ける「独話

---

1) http://pj.ninjal.ac.jp/corpus_center/csj/

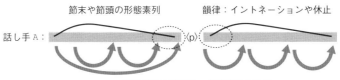

係り受け：統語的・意味的まとまり

図 1-1　発話の文法的・韻律的特徴

「monologue」を主な対象としていたからであるともいえます．独話では，一人の話者が複数の文を連続して話し続けますが，自発性が高い場合には，上記の例のように明確な文末形だけを区切りとするのでは不十分かもしれず，また，言い直しなどの非流暢現象も多く生起します．こうしたデータの場合，文もしくはこれに相当する発話単位を分析者が自分で基準を作成して認定する必要がありますが，そのための手がかりとしては，節単位や係り受け関係のような発話の形態統語論的構造やイントネーションや発話休止（ポーズ）（例 1-1 では〈P〉）などの韻律情報が用いられます（図 1-1）[2]．

　これに対して，本書で主に扱うのは会話のデータです．例 1-2 は第 3 章と第 4 章で分析するポスター発表場面の会話からのものです．発表者 A の発話は太字で示しています．

【例 1-2】
A：(F_ん) でその 国会ですと (F_まー) 何日以内に作らないと
　　いけ [ないというようなこ [とが決まってると思う [んですけど
C：　　　[うん　　　　　　　　　　　　　[ふん うん
B：　　　　　　　　　　　　　　　[うん
A：(F_ま) そういう 処理を (F_あのー) 自動化する 今は (F_あのー)
　　[速記者の 方 [が
B：[ああ ああ
C：　　　　　　　[そうです [ね
B：　　　　　　　　　　　　[はい

2）本書では「発話 utterance」という用語を頻繁に用います．「発話」というのは，「文」などの言語学的単位と一致することも多いですが，特定の話し手が特定の状況で特定の目的を持って発したことばを指します（Clark 1996）．同じ「文」であっても，話し手や状況，目的などが異なれば，それぞれ異なった「発話」ということになります．

```
A：(F_ま) 人手で作って (F_ま) [人手 [で 処理してる [んですけ [ど
C：                         [うん
B：                              [はい
C：                                        [うん うん
B：                                                  [あああ
A：(F_ま) そういうの 全て 自動で できるように したいと [いうことを
C：                                           [それは
  ラベリングも 全部 自動で [できるように
A：              [そうですね (F_あのー)
```

　講演などの独話と同様，ポスター発表でも，発表者が続けて長く話すのが一般的です．しかし，最大の相違点は，発表者のすぐ目の前には聞き手もおり，聞き手はあいづちやうなずき，視線，表情などのさまざまな方法で反応を示している，という点です．

　BやCの列を見てください．聞き手が発表者の発話の最中に頻繁にあいづちを打っているのが分かると思います．[はあいづちや応答が発表者の発話の最中のどの位置で開始されたかを示しています．

　一般的に考えると，分析の対象が整った書き言葉から自発性が高く，ある意味では整っていないように見える話し言葉に変わっただけでも十分複雑になりそうな気がするため，ここに聞き手が加わる会話の分析はさらに大変なものになると思われるかもしれません．しかし，本書ではこれとは逆の考え方を取ります．会話では，分析者が聞き手の反応を利用できる，と考えるのです（第2章）．一番分かりやすいのは各発話者の発話単位が順番交替によって境界づけられるという点です．これ以外にも，上記のような話し手の発話の途中に入る聞き手のあいづち（第3章）も，その位置までの話し手の発話についての構造的な特徴を発見するための手がかりになると考えられます（図1-2）．このよう

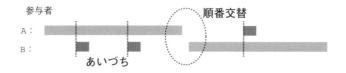

図 1-2　会話の中での発話

に考えるならば，例えば話し手の発話の「単位」を認定するのに，話し手の発話の文法的・韻律的特徴しか参照できない独話の分析の方が使える手がかりが少ないということもできるのではないでしょうか．

　このように，本書では，話し手の発話だけを分析するのではなく，話し手と聞き手の間での「相互行為 interaction」を基本として，会話の成り立ちを見ていきたいと思います．会話の最大の特徴は複数の参与者が順番交替を繰り返しながら順番に話し手になるという点です．

A-2　順番交替

　順番交替システム turn-taking system（Sacks et al. 1974）は，下記のようなターン構成部 turn-constructional component とターン割り当て部 turn-allocation component という二つの構成要素と順番交替規則から構成されています．簡単にいえば，話者が「いつ when」交替するかというタイミングの問題を扱うのがターン構成部，「誰が who」次の話者になるかを決めるのがターン割り当て部，話者の交替ないし継続が「どのように how」行われるかを述べたものが順番交替規則です．

1.　ターン構成部 turn-constructional component

　話者は移行適格箇所 transition-relevance place（TRP）についての予測可能性 projectabIllty を保証するような統語的・韻律的特徴を持ったターン構成単位 turn constructional unit（TCU）を用いてターンを構成する．

2.　ターン割り当て部 turn-allocation component

　現行の話者による次話者選択 または 次話者による自己選択

3.　順番交替規則 rules

　（1）最初のターン構成単位 TCU における最初の移行適格箇所 TRP において，

　（a）他者選択（他選）：現行の話者が次の話者を選ぶためのテクニックが使用されているならば，選択された者が次のターンを取る権利と義務を負う．他の者はこうした権利や義務を持たず，移行はここで行われる．

　(b) 自己選択（自選）：他選のためのテクニック (a) が使用されていないならば，次の話者についての自己選択が可能になる. 最初に話し始めた者がターンについての権利を得て，移行はここで行われる.

　(c) 継続：他選 (a) も自選 (b) も行われていないならば，現行話者が話し続けることが可能であるが，義務的ではない.

　(2) 最初の TRP においてルール 1a や 1b が作動せず，1c に従って現行話者が話し続けるならば，以降の TRP において，移行が行われるまで 1a ～ 1c が循環的に再適用される.

　このうち，ターン割り当て部に関連することは第5章で改めて説明します. ここで見ていただきたいのはターン構成部です. 非常に分かりにくい表現ですが，ターン構成部の背後にある動機は，「順番交替が起こる際に，現在の話者の発話と次の話者の発話の間の空白は非常に短く，現在の話者の発話の末尾に重なるようにして次の話者の発話が開始されることも多いが，これはどのようにして可能なのか」という疑問に答えることです. したがって，ターン構成部の趣旨は，聞き手は話し手が話し終わってからこれが終了したことに事後的に気づくのではなく，現在進行中の話し手の発話を聞きながら，これがいつ頃終わりそうかを予測しているのではないかという点にあることになります. これが「予測可能性 projectability」（以下では「投射」と呼ぶ場合もあります）という難解な用語の意味です.

A-3　発話の後続部分に関する予測

　英語では，図1-3 のように，文頭の1～2語で文タイプが分かることが多いことが指摘されています（Fox et al. 1996）. この文では，文頭の Where と did

図 1-3　英語における文頭からの投射（Schegloff (1996) に基づき，榎本 (2009) が作図）

によってこの文が Wh 疑問文になることがすぐに分かります．これを「早い投射」と呼びます．

　また，文タイプだけでなく，語順に関しても，日本語と英語では大きく異なります．一般に，文の統語構造は動詞（述語）によって支配されていますが，英語の基本語順は SVO ですので，主語（S）と動詞（V）が生起すれば，その後にどのような種類の項（目的語（O）など）が生起するかが予測しやすくなります（図1-4）．さらに，予測できるのは「目的語 O が来るかどうか」といった抽象的なことがらだけでなく，例えば動詞が eat（食べる）ならば，その目的語が「食べ物」であるといったより具体的なことがらも分かるはずです．

図 1-4　英語の SVO 語順と予測

　これに対して，日本語は SOV 言語ですので，文の統語構造を決める述語は文末まで生起しません（図1-5）．しかし，だからといって，日本語の会話では，順番交替のタイミングが英語より遅くなるということはありません．したがって，日本語においても，文のような発話の基本単位の末尾の予測を可能にする何らかの特徴がなければならないことになります．

図 1-5　日本語の SOV 語順と予測

　英語の「早い投射」に対して，田中は日本語における「遅れた投射」の特徴を分析しています（Tanaka 1999）.

　まず，日本語では，述語の後に次のようなさまざまな「述語末要素」が後接されることにより，述語末言語（SOV）であることによる遅れた投射が埋め合わされていると考えられます[3].

a) 最終動詞接辞「ます」など
b) コピュラ「だ」「です」など
c) 終助詞「ね」「よ」など
d) 要求・命令表現「ください」「なさい」など
e) その他（名詞化要素「わけ」「もん」など）

　これらの述語末要素が連続して使用されていると，聞き手が直前の話し手の発話末との間の空白を生じさせることなく，ターンを取得する機会と時間的余裕が増大することになります.

図1-6　述語末要素のはたらき

　しかし，こうした述語末要素によって発話末の位置が予測可能になるのは，これらの述語が生起した後の時点に限られます. 何かもう少し早い時点での予測を可能にする要因はないでしょうか.

　この点に関連して，田中は，日本語では述語に先行する名詞などの要素が格助詞（が，を，に，で，の，と，へ，より，から，など）や副助詞（は，も，こ

---

3) 日本語におけるこれらの述語末要素と順番交替のタイミングについては，榎本（2007a；2007b；2009）に詳細な分析があります.

そ，など）などでマークされることにより，文中での役割が特定されるとともに，後方に生起する述語に関する予測が生みだされると指摘しています（Tanaka 1999）．しかし，主題や格要素の文中での語順は比較的自由ですので，投射された述語がこれらの要素の直後に必ず生起するとはいえません．

　以上のような会話分析的な研究とは別に，日本語の文法研究の観点から，寺村（1987）は，夏目漱石の『こころ』の中の「その先生は私に国へ帰ったら父の生きているうちに早く財産を分けて貰えと勧める人であった」という文を対象に，これを冒頭から1文節ずつ提示しながら，各時点において後続部分を予測させるという予備的な実験を行い，その予測内容を分析しています．そして，その考察のまとめとして，寺村は，「ネイティブスピーカーというものは考えようによっては驚くほどの正確さで先を予測するものだ」，「日本語は『述語が最後に来るから，最後まで聴かなければ分からない』といった『説』がいかに事実から離れたものかということを示している」と指摘しています．

　そこで，次の分析編では，この寺村の試みを引き継いだ，より詳細な実験を紹介します．ポイントになるのは，順番交替のタイミングの観点からは，聞き手が話し手のターンの終了時点を予測することは重要ですが，もちろん，聞き手はこの「時点」を予測するためだけに進行中の話し手のターンを聞いているわけではなく，聞き手が話し手の発話に耳を傾けるのは当然その発話を理解するためだ，という点です．したがって，投射のメカニズムについて解明する際には，単に「話し手のターンがいつ完了するのか」だけでなく，「進行中の発話がどのような内容を持って展開されるのか」についての予測も考慮すべきだということになります．

【B：分析編】4)

　円滑な順番交替は話し手と聞き手の共同作業といえますが，直前にも説明しましたように，より微細にみるならば，聞き手は話し手の進行中の発話を聞きながら，これが終了する前に，いつ頃終わりそうかを予測しているという側面が特に重要です．では，聞き手は進行中の話し手の発話のどの時点で，後続部分についてどのように予測しているのでしょうか？　ここではこの点を実験的に解明しようとした分析例を紹介します．

B-1　実験方法

　今回の実験では『日本語話し言葉コーパス』（CSJ）を使用しました．CSJを使用したのは，書き言葉や作例ではなく，実際に実時間で話されたデータであることと，節単位や文節，係り受けなど，今回の分析に必要な情報が明示的な基準に従って付与されていることによります．

　実験参加者に提示する刺激文は，CSJの模擬講演（一般人による体験談のようなもの）の25講演の中から，「節単位」（高梨ら2004，丸山ら2006，丸山2015）を単位として選択しました．25講演の中には節単位が全部で2257ありましたが，これらの中から，末尾が文末形（CSJでいう「絶対境界」）であることや節単位内の文節数が平均的（5〜20文節）であること，構文レベルでの非流暢現象が少ないことなどを基準として，平均的な節単位532個を選択した上で，最終的にその中から無作為に選択した100単位を実験刺激としました．

　作業仮説となる考え方ですが，文（ここでは節単位）中のある「切断時点」を境界として，それ以前の部分を「先行部」，以降の部分を「後続部」と呼ぶとすると，予測が可能になるのは先行部中の要素から後続部中の要素への何らかの「関係」があるからなのではないかと考えられそうです（図1-7）．

　そこで，CSJに付与されている係り受け関係（内元ら2004）をこうした「関係」の候補とすることを考えました．具体的には，節単位内の各文節（西川ら

4）本節の執筆に際しては高梨（2007）を参照しています．分析の詳細についてはそちらを参照してください．

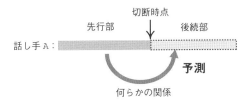

図1-7　先行部分から後続部分への予測

2004）の直後の位置を「切断時点」とし[5]，寺村（1987）などと同様，この切断時点を一文節ずつ後方に移動させながら，すべての切断時点において後続部分についての予測を記入させる，という方法で実験参加者からの回答を収集しました．実験参加者は大学生・大学院生5名です．実験参加者には以下のような教示をしました．

・表示された「現時点」の「先行文脈」の内容に基づき，その時点から文末までの内容を予測し，記入する．
・文末の形式は丁寧体とし，句読点やその他の記号は使用しない．
・答えは短めに書けばよい．無理に長くする必要はない．
・文末までではなく，予測できるのが文の途中の要素だけの場合にはその要素だけを記入してもよい．
・正解かどうかということにこだわる必要はなく，最初に思いついた内容を書けばよい．
・直前時点で記入した予測の内容を変更してもかまわない．
・思いつくことがない場合には「null」と入力する．

---

5) このように，CSJには，1. 提示範囲である文（節単位），2. 予測時点（切断点）となる文節境界，3. 係り受け関係とその種類，という，この実験の刺激文に必要な情報がすべて付与されているため，今回の分析に適したデータであるといえます．しかし，自発的な話し言葉ではあるものの，対話ではなく独話のデータであるというところには限界があるかもしれません．CSJには一部に対話のデータも含まれており，小磯（2006a；2006b）などでは両者の特徴の比較も行われていますが，さらなる研究が求められます．

B-2　刺激文の分析：係り先未定文節数の変化と文節の種類

　今回の分析では，各切断時点での予測を数量的に比較するための指標を二つ定義しています．

　一つ目の「係り先未定文節数」は「ある文節の直後の予測時点においていくつの文節の係り先がまだ生起していないか」という数値です．まず，当該文節の係り先となる文節は当然，この文節の直後（＝次の文節の直前）の境界までにはまだ生起していませんので，すべての切断時点において係り先未定文節数は必ず1以上になります．また，すべての文節が直後の文節に係る場合には，係り先未定文節数はどの予測時点においても1になります．したがって，係り先未定文節数が2以上になる箇所では，自分自身だけでなくそれ以前の一つ以上の文節が当該文節を越えて後続文節に係ることになります．

　次に，二つ目の「係り受け未定文節数の増減」は「係り先未定文節数が直前の予測時点からどのように変化したか」を示すものです．直前の予測時点での係り先未定文節数と比較し，当該の時点での係り先未定文節数が減少している場合にはM（マイナス），同じ場合にはE（イコール），増加している場合にはP（プラス）となります．Pとなるのは当該文節が先行する文節からの係り先となっていない場合で，この増減は1文節進むごとに計測しますので，Pの値は常に1です．つまり，1文節進んだ際に係り受け未定文節数が2以上増えるということはありえません．次に，Eになるのは当該文節が先行する一つの文節からの係り先となっている場合です．自分自身が先行する文節の係り先になることによって係り受け未定文節数が1減少すると同時に，自分自身が新たな係り受け未定文節となるためです．最後に，Mとなるのは当該文節が先行する二つ以上の文節からの係り先となっている場合で，Pとは異なり，その値は1以上の場合もあります．実例を使ってこれらの点を図示してみましょう（図1-8）．

　これらの係り受け未定文節数とその増減という二つの指標を用いて，今回の実験で用いた各切断時点の性質を概観してみましょう．まず，今回の実験で用いた100個の節単位に含まれていた文節の数は全部で937個でした．内訳は節単位末が100，M文節が102，E文節が261，P文節が390です[6]．そこで，これらの文節の種類を，その文節の末尾の形態素[7]の品詞情報によって分類し

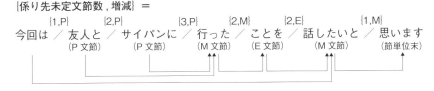

図 1-8 係り先未定文節数とその増減

(以下「文節種」), これを上述の M, E, P 及び節単位末ごとにカウントすることにしました.

まず, 節単位末の文節についていえば, 助動詞の終止形が 65%, 終助詞が 27% であるのに対して, 動詞や形容詞の終止形は一例しかありませんでした. 言い換えれば, 節単位末の文節が述語のみで構成されることは極めてまれであり, 田中 (Tanaka 1999) が日本語の会話データに関して指摘した複雑な述語末要素の使用という特徴 (理論編 A-3 節) は独話である CSJ のデータにも共通するものだといえることになります.

次に, M 文節, E 文節, P 文節についてみますと, いずれにおいても最も多いのは文節の末尾が格助詞の文節 (したがって名詞句) です (40% 前後). 当然のことながら, この点は節単位末の文節とは全く異なっています. しかし, この格助詞 (名詞句) を除くと, M 文節では度数の 2 位は助動詞の連体形 (17.7%), 3 位は接続助詞 (16.7%) であったのに対して, E 文節では助動詞の連体形と接続助詞はそれぞれ 8%, 13.4%, P 文節では助動詞の連体形と接続助詞がそれぞれ 2.8%, 1.5% でした. 末尾が助動詞の連体形や接続助詞の文節というのは述語を含む文節であると考えられますので, 他の文節からの係り先になる可能性が高いであろうことが予想できます.

---

6) 接続詞などのように係り先がない文節 84 個は除外しています.
7) 一つの節単位の中には一つ以上の文節が含まれており, さらにそのそれぞれの文節の中には一つ以上の形態素が含まれているという階層構造があります. 少し不正確ですが, 単純化していえば, 節単位は文, 文節は句, 形態素は語に概ね相当します.

B-3 予測結果の全般的傾向

　今度は上記のような性質を持った各文節の末尾の切断時点での実験参加者の予測について，大まかな傾向を調べてみましょう．上述のように，使用した100の節単位に含まれている文節数の合計は 937 個ですが，節単位末の文節の直後は実験対象箇所ではありませんので，提示箇所の合計は 837 箇所となります．実験参加者は 5 名ですので，実験参加者による予測が記入されうるスロット数は 4185 です．これらのうち，実験参加者が何らかの予測内容を記入した箇所が 2966 箇所，null だった箇所が 1219 箇所，null 率は 29.1% でした．

　そこで，係り受け未定文節数の増減が M，E，P となる文節と最終文節のそれぞれの直前の予測時点における null 人数をグラフにしてみました（図 1-9）．すると，まず，節単位末の文節の直前では，null 人数が顕著に低く，この時点では実験参加者はかなりの割合で最終文節についての何らかの予測を行うことが可能になっていることが分かります．もちろん，実験参加者は「次が最終文

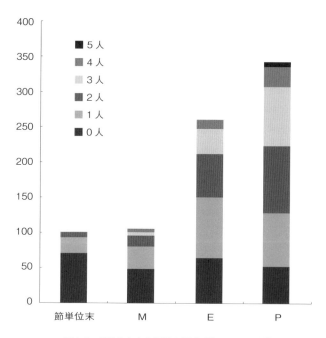

図 1-9　係り先未定文節数の増減ごとの null の人数

節である」ことは知りません．また，節単位末の文節の直前の予測時点と同様の傾向が M 文節の直前でも生じており，この傾向は E 文節や P 文節の直前の時点とは明らかに異なることが分かります．B-2 節で考察しましたように，最終文節や M 文節は述語を含む文節であることが多いですので，述語が他の文節からの係り先となりやすいということが何らかの予測がしやすいということにつながっているのではないかと考えられます[8]．

　しかし，ここまでで確認できたことは，文の統語構造を決める述語が文末まで生起しない SOV 言語の日本語においても，述語が生起するまでは文末の予測ができないということはなく，最終文節となる述語文節はその直前の時点までにある程度予測可能になっている，というところまでです．つまり，理論編の A-3 で問題提起した「述語文節が予測可能になるのはどのようなメカニズムによってなのか」という点はまだ分かっていないことになります．そこで，次節では，実験参加者による予測の内容を詳細に確認しながら，この予測のメカニズムについて考えてみましょう．

B-4　予測内容の分析

　予測を記入できなかった null の人数が 1 以下だった箇所は全提示箇所 837 箇所のうちの 162 箇所でした．これらの箇所では，実際に正解していたかどうかを問わなければ，何らかの予測が比較的容易であったといえます．そして，この 162 箇所のうち，最終文節の直前が 85 箇所でした．そこで，これらの述語文節をさらに下位分類し，それぞれの度数と被係り受け文節数の平均を求めてみました（表 1-1）．

　度数が多いのは「具体」や「思考」ですが，前者では被係り受け文節数が 3.0 と多いのに対して，後者では 1.5 と低くなっており，対照的です．そこで，以下では，具体述語と思考述語を対象に，より詳細に分析することにします．

---

8) B-4 の表 1-1 からも分かるように，null の人数が 1 以下の最終文節の被係り受け数の平均は 2.4 でした．

表1-1　述語文節の種類ごとの生起度数と平均の被係り受け数

述語分類	基準	度数	被係り受け数
具体	具体的行為を表す述語	31	3.0
思考	「思う」「感じる」「考える」「確かだ」 (「確かだ」以外は話し手が主語)	16	1.5
存在	「ある」「いる」「ない」	12	2.4
状態	状態・性質を表す述語	7	2.6
名詞	名詞述語文	7	2.3
抽象	「する」	5	2.6
抽象名詞	「ことだ」「感じだ」「次第だ」「状態だ」	4	1.3
変化	「なる」	3	2.0
計		85	2.4

1.　具体述語の場合

　具体述語を含む最終文節は他の種類の最終文節よりも平均の被係り受け数が多いのが特徴です．そこで，被係り受けの数と性質が最終文節である具体述語文節の予測にどのようにつながっているかを，実験参加者による予測結果をもとに分析してみましょう．まず，例1-3では，実験参加者がより正確な予測を行うことができている理由が被係り受け数の多さにあるのではないかと考えられます[9]．最終文節「通っていた」(ID=12) は先行する四つの文節 (1, 7, 9, 11) の係り先になっていますが，その内容は当該最終文節の直前 (➡) ではじめて予測可能になっていることが分かります[10]．このように，複数の項要素の組合せからこれらの共通の係り先となる述語が絞り込まれていくということは係り受けのような統語的・意味的な関係に基づく予測の一つの典型的なパター

---

9)「文節」の冒頭の「➡」で分析対象箇所を表します．つまり，実験参加者は，それぞれの行の文節までを見て，そこから後続部分についての予測をするという作業を1行ごとに繰り返してきました．A～Eの各列は被験者の回答で，その中の「▲」は予測対象外の位置である最終文節直後を示しています．また，例えば「係り先」が「12」ならば，その文節の係り先は「ID」が「12」の文節になります．

10) それ以前の時点では被験者の予測は二転三転していますが，被験者間ではかなり一致しているという点も興味深いところです．

【例1-3】［具体，被係り受け数=4］

文　節	ID	係り先	A	B	C	D	E
んで	0		null	null	null	null	null
私は	1	12	null	null	null	null	null
就職を	3	7	あきらめて	やめることにしました	あきらめて	断念して好きなことをやろうと決めました	null
その	4	5	null	null	null	null	null
時	5	6	null	null	null	null	null
三年生だったので	6	7	null	null	null	null	null
控えて	7	12	いまして	いました	いました	いる時期だったわけですけど	null
五月の	8	9	null	null	null	null	null
頃から	9	12	準備を	就職活動に関する資料を集めはじめていました	就職活動を	準備してました	null
公務員の	10	11	試験を	試験勉強をしていました	試験を	試験勉強を始めたわけです	試験の準備を始めました
ダブルスクールに	11	12	通って	通っていました	通っていた	通うことにしました	通い始めました
通っていました	12		▲	▲	▲	▲	▲

ンであると考えられます.

　逆に, 例 1-4 と 1-5 の二つの例は, 被係り受け数は必ずしも多くないですが, 正確な予測が可能になっている例です. 例 1-4 の場合には「風呂から」から「上がる」が, 例 1-5 では「目が」から「覚める」が予測可能になっているといえそうです (➡ a). このように, ある名詞ないし格要素が慣習的に特定の述語と結びついて形成される連語も予測のための強力な資源となっていると考えられます.

　しかし, これらの 2 例には違いもありそうです. 例 1-4 では, 「風呂から」の直前の時点 (➡ b) での予測は全く当たっていませんが, 例 1-5 ではすでに「目が」の直前の時点 (➡ b) においてかなり正確な予測が形成されています. 後者の場合には「目覚まし時計 (で)」という道具を表す表現も予測を限定する要因として重要であることが分かります.

2. 思考述語の場合

　典型的な述語だと思われる「具体」述語は予測が比較的容易 (null の人数が 1 以下) だった最終文節の中で一番多い種類の述語ではあるのですが, その数は 85 例の中の 31 例でしかありませんでした. B-2 節で考察しましたように, 最終文節が述語のみから形成されることもまれですが, それだけでなく, そもそも最終文節に含まれる述語の種類もまた, 「具体」述語のような通常イメージされるような典型的な述語であることはそれほど多くないことになります.

　そこで, ここでは「具体」述語の次に数の多かった「思考」述語の例を見てみましょう. 前節で確認しましたように, 「具体」述語は被係り受け数が比較的多かった (3.0) のに対して, 「思考」述語の被係り受け数は少ないです (1.5) (表 1-1). では, どのような特徴が見られるでしょうか?

　この点を確認するために, ここでは少し迂回して, M 文節に着目してみます. すると, M 文節の直前で null の人数が 1 以下だった 77 箇所のうちの 14 箇所で, 当該 M 文節が最終文節の直前に生起していることが分かりました. 既に述べましたように, 典型的な M 文節は述語を含むもので, また最終文節も通常は述語文節ですので, こうした箇所では述語要素を含む文節が連続して生起している可能性が高いと考えられます.

【例 1-4】［具体，被係り受け数 =3］

文　節	ID	係り先	A	B	C	D	E
僕はですね	2	6	null	null	null	null	null
這いつくばるように	3	4	null	null	null	null	null
して	4	6	null	そこにいました	何とか	地面に落ちたコンタクトを探しました	null
風呂から	5	6	あがって	出てきました	出ました	上がりました	出ました
上がりました	6		▲	▲	▲	▲	▲

【例 1-5】　［具体，被係り受け数 =2］

文　節	ID	係り先	A	B	C	D	E
廊下を	1	2					
挟んだ	2	3					
向かいの	3	6					
三つ	4	5					
先ぐらいの	5	6					
部屋の	6	7	灯りが	中で	ドアに	ドアが薄く開いていたんです	null
目覚まし時計で	7	0	目を覚まして	大きい音のものがあります	起された	朝早くに起こされてしまいました	目が覚めました
目が	8	9	覚めて	覚めました	覚めた	覚めてしまったんです	覚めました
覚めてしまうという	9		▲	▲	▲	▲	▲

　さらに，こうした M 文節 + 最終文節の例の中には「引用節 + 思考動詞文節」のように，最後から二番目の M 文節が埋め込み節の最終文節で，節単位の最終文節はこの埋め込み節を補部として持つ思考動詞という構造が多く見られます．これらの箇所では，その直前の M 文節が多くの先行文節からの係り先となる被係り受け数の多いものであり，この M 文節（だけ）が直後の最終文節に係るという構造になっているため，これらの 2 文節をまとめて考えれば被係り受け数が多い箇所であると見なすこともできるかもしれません（図 1-10）．こうした特徴的な構造により，思考動詞述語自体は被係り受け数が小さいにもかかわらず比較的予測しやすいものとなっているのではないかと考えられます．

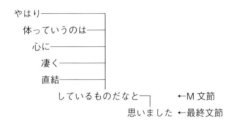

図 1-10　M 文節 + 最終文節の係り受け構造

第2章
会話の見方：連鎖分析

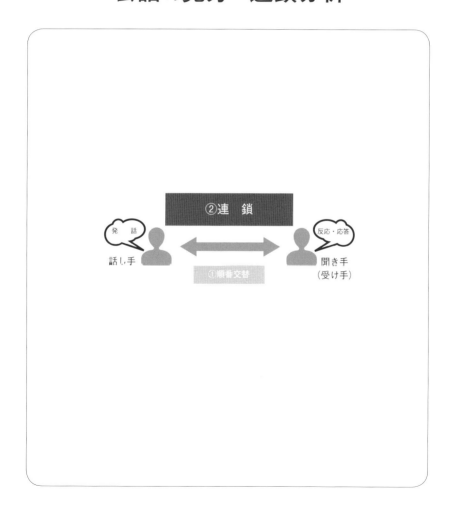

【A：理論編】

A-1　連鎖分析

　第 1 章では，会話の分析では「分析者が聞き手の反応を利用できる」ことが利点であるといいました．これは，理解は反応に現れるという会話分析の基本的な考え方に基づくものです．聞き手の反応が観察可能な形で現れるのはある意味では必然です．もしこれがないと，話し手は自分の発話が相手に正しく理解されたのかが分からないためです．そこで，話し手の発話を分析したい分析者としても，せっかく聞き手がこのようにして表に現してくれている反応を横から利用しない手はない，と考えるわけです [1]．このようにして話し手の発話と聞き手の応答との間に形成された発話間関係を「連鎖 sequence」（Schegloff 2007）と呼びます．

連鎖分析の考え方：
聞き手が話し手の発話をどのように理解したかは聞き手の次の発話（応答）に観察可能な仕方で現れる．なので，話し手の発話を分析する分析者もこうした聞き手の応答を分析の手がかりとすればよい [2]．

A-2　言語行為論と隣接ペア

　発話の連鎖関係のうちで最も基本的なものは「隣接ペア」（Schegloff & Sacks 1973）です．これには次のような特徴があり，表 2-1 のような種類のものが知られています．

・異なる話者による隣りあった発話対である．
・第一部分（first pair part）と第二部分（second pair part）という順序がある．
・第一部分が決まった種類の第二部分を要求する．

---

1) 逆にいえば，聞き手の応答に現れていることがらと矛盾する分析を分析者が行った場合，この分析の妥当性の根拠はどこに求められるでしょうか？
2) 専門的には「次ターンによる証明手続き」とも呼ばれます（Sacks et al. 1974；6-3 節）．

表 2-1　隣接ペアの例（伝（2009）の細部を改変）

第1部分		第2部分	
質　問	太郎はどこ？	回　答	学校よ
依　頼	塩を取ってください	承諾／拒否	はい
申し出	コーヒーはいかが？	受諾／拒否	どうも
誘　い	映画に行かない？	受諾／拒否	いいよ
謝　罪	ごめんなさい	承認／拒絶	いいのよ
感　謝	ありがとう	承認／拒絶	どういたしまして
評　価	楽しかったなあ	同意／不同意	そうだね
非　難	その態度よくないよ	否認／是認	そんなことないさ
挨　拶	こんにちは	挨　拶	こんにちは

　ここに挙げられている「質問」や「回答」,「依頼」などの個々の発話は，言語行為論（Austin 1962）のいう発語内行為 illocutionary act に相当することが多いです．オースティン以前の言語哲学では，言語の機能は出来事を「記述」することであり，その基本単位となるのは，主に外界などとの対応関係に基づいて真偽が確かめられる「命題」であると考えられてきました．例えば，「太郎は大学生である」という命題については，もし本当に「太郎」が「大学生」ならば「真」となり，逆に実際には「大学生」でないならば「偽」となります．もちろん，言語の持つ機能として，出来事などを記述・描写する機能が重要であることは間違いありませんが，この側面を言語の中心的な，あるいは唯一の機能と考える言語観は「記述主義的誤謬 descriptive fallacy」であるとオースティンは考えました．例えば「明日の 12 時までに必ずレポートを提出します」といった「約束」のような発話については，発話された時点では私がレポートを本当に提出したかどうかを確かめることができないことからも分かるように，そもそも真偽を問うことができないためです．そこで，オースティンは，発話というのはそれによって何かの社会的な「行為」（「約束」「質問」「命令」など）を遂行するものなのではないかというように発想を転換します．そうすると，行為としての発話において問題になるのは，必ずしも記述としての真偽だけではないということになりますので，オースティンは行為としての発

話が「不適切」なものとなる条件を検討していきます．この不適切性に関する
議論については第 6 章でも改めて言及します．

　オースティンの議論を継承したサールは，発語内行為を表 2-2 のように整理
しました（Searle 1969；1979）．

表 2-2　発語内行為の分類と特徴

発語内行為のタイプ	具体例	発語内目的 illocutionary point	適合方向 direction of fit
信念表明型 Assertive	言明，主張，仮定，記述など	命題内容が真であることを話し手が請け負いつつ表明する	言葉が世界に適合
行為指令型 Directive	命令，依頼など	話し手が聞き手に何かをさせようとする	世界が言葉に適合
行為拘束型 Commissive	約束，誓約など	話し手が何かをなす義務を聞き手に対して負う	世界が言葉に適合
心情表明型 Expressive	感謝，謝罪，歓迎など	命題によって表現されている事態に対する話し手の心理状態を表明する	（世界との関係ではない）
宣言型 Declaration	宣誓，命名など	発話そのものの遂行によってある事態を成立させる	言葉が世界に適合＆世界が言葉に適合

　言語の持つ機能という観点からは，特に「適合方向」という観点が分かり
やすいのではないかと思います．例えば，オースティンが「記述」と呼んだも
のは，このうちの「信念表明型」に分類されますが，その適合方向は「言葉が
世界に適合」と書かれています．これは，言葉によって記述される対象となる
「世界」の中の出来事などが「言葉」よりも先に存在していて，「言葉」の方は
こうした「世界」に合わせる形で選ばれることになる，ということです．この
ような順序だからこそ，「信念表明型」の発話については，既に存在している
「世界」に対して「言葉」が合っていれば「真」，合っていなければ「偽」とい
うように，真偽を問題にすることができるわけです．これに対して，「約束」の
ような「行為拘束型」のものについて真偽を問うことができないのは，信念表

明型のものとは逆に，約束をするための「言葉」の方が先にあって，「世界」の方はこの約束を発した話し手がこの約束を守ることを目指して行動することによって後から生まれてくるからです．これが「世界が言葉に適合」ということの意味です．「有言実行」というわけです．

　このように発話を社会的な行為の遂行と捉える考え方は会話分析の立場とも一致します．しかし，言語行為論と隣接ペアの考え方の間には決定的な相違があります．その相違点は，まずは表面的には，言語行為論が個々の発話の（不）適切性を議論していたのに対して，隣接ペアでは個々の発話が行っている行為やその適切性を一つ一つの発話ごとにバラバラに考えるのは不適切であり，第一部分と第二部分の間の相互関係の観点から判断すべきだと考えられている，という点に現れています．しかし，理論的により重要な点は，上記の「発語内目的」の欄から分かりますように，言語行為論では，個々の発語内行為の核心が話し手の側の意図にあると考えられている点です．しかし，会話コミュニケーションの中で用いられる発語内行為の成功や失敗などを話し手だけで決めることができるでしょうか？　そこではやはり，聞き手が話し手の発話をどのように受け止めるかという視点を外すことはできないのではないでしょうか？

これに対して，隣接ペアにおいて，参与者 A による第一部分と参与者 B による第二部分とがセットにされているのは，第一部分の発話に対してはその受け手となる B の視点からの解釈が，逆に第二部分の発話に対してはその受け手となる A の視点からの解釈が，それぞれ最優先されるべきである，という考え方に基づくものです．こうした工夫によって，ある発話（やこれによって行われている発語内行為）の解釈が話し手の一方的な視点や外部の観察者の外在的な視点からではなく，会話参与者にとっての会話に内在的な視点から行われるようになります．会話を分析する研究者にとっても，ある発話をその受け手となる聞き手がどのように理解していたかを観察することを通じて，「参与者の視点」に近づくことが可能になるわけです．

　この「参与者の視点」に立つという点を意識しながら，連鎖分析の考え方をさらに深めていきましょう．まず，隣接ペアは単に第一部分の直後に所定の第二部分が生起する可能性が高いという「規則性」や「確率」を表現したものではありません．例えば，授業中に指名された A 君が先生の質問に対して全く反応

しなかった場合に，他の学生はどんな反応をするでしょうか？ おそらく多く
の人が A 君の方を振り返ったりするのではないでしょうか？ このように，隣
接ペアの第一部分は対応する第二部分が応答として生起することを義務づける
社会的規則なのです．隣接ペアの第一部分が応答に対して課すこのような制約
のことを「条件的関連性 conditional relevance」（Schegloff 1968）と呼びます．

A-3 挿入連鎖

ただし，会話のデータを見ていると，第二部分は必ず第一部分の直後に来る
とは限らないことに気づきます．次の例 2-1 では，第一部分であるはずの T1A
の［依頼］の直後に別の隣接ペアの第一部分と思われる［質問］が生起してい
ます．では，これは規則違反なのでしょうか？

【例 2-1】
T1 A：［依頼］ソフトクリームください．
T2 B：［質問］チョコとバニラがありますが．
T3 A：［応答］じゃチョコで．
T4 B：［受諾］かしこまりました．

ここで連鎖分析をする際の最も重要な注意点について述べます．今この本を
読んでいる私たちはこの事例が T4 まで進んでしまった「結果」を知ってしま
っています．しかし，「聞き手の立場に立つ」ためには，この結果を一旦忘れて，
それぞれの発話が一つ終わった毎の時点に立って想像する必要があります．そ
こで，ここでは T2 の B の応答を聞いた瞬間の A の立場に立ってみましょう．

T1 A：［依頼］ソフトクリームください．
T2 B：［質問］チョコとバニラがありますが．

↓この続きはまだ決まっていない

すると，この時点で A は T1 での自分の依頼に対して，B がその第二部分と
なる受諾や拒否ではなく，別の隣接ペアの第一部分になる質問を開始してきた
のに気づくはずです．しかし，あなたが A さんならば，この位置で怒り出す
でしょうか？ むしろ，この T2 の B の発話を自分の T1 の依頼に B が応答す
るための準備であろうと解釈し，この B からの質問に先に回答することによっ

て，その後に B からの受諾や拒否が来るのを待つのではないでしょうか？　改めて続きを見てみましょう.

T1 A：[依頼] ソフトクリームください.
T2 B：[質問] チョコとバニラがありますが.
T3 A：[応答] じゃチョコで.
T4 B：[受諾] かしこまりました.

予想通り，A が T3 で質問に回答した直後の T4 では，A が当初求めていたはずの B の受諾が生起しており，依頼 – 受諾という隣接ペアはこの時点で無事完成しているのが分かります.

このように，開始された隣接ペアの直後に対応する第二部分ではなく，質問応答などの別の隣接ペアが生起し，対応する第二部分がこの挿入された隣接ペアの終了後に生起するという連鎖パターンは「挿入連鎖 insertion」と呼ばれます.　挿入連鎖の例から分かるのは，隣接ペアの第一部分の持つ条件的関連性という性質は，単に適切な第二部分が生じない場合に，参与者がその「不在」(あるべき応答がないこと) に気づくことを可能にしている (上記の授業中の A 君への質問の例のように) だけでなく，一見すると第二部分以外のものに見える応答を理解することを可能にするメカニズムにもなっているのです.

規則としての隣接ペア：
隣接ペアは単なる「規則性」(1 段階目の証拠) ではなく，参与者が用いている「規則」(2 段階目の証拠) である[3].

では，この例の T2 が「チョコとバニラがありますが」ではなく，例えば「ご趣味は何ですか？」のような発話だったらどうでしょうか？　その場合，この発話を聞いた時点で，A は T1 での自分の依頼に関連しない話が始まったと感じ，戸惑うのではないでしょうか？

---

3)「1 ／ 2 段階目の証拠」という用語については，第 4 章 A-2 を参照してください.

【例2-2】
T1 A：[依頼] ソフトクリームください.
T2 B：[質問] ご趣味は何ですか？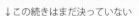

↓この続きはまだ決っていない

　このことからは，T2 に生起する発話は何でも挿入連鎖と判断されるわけで
はなく，適切な挿入の開始と見なされるためには何らかの条件が必要なのでは
ないかと考えられます．この条件としてどのようなものが考えられるかはみな
さんで考えてみてください．

A-4　誤解の修復

　この章の冒頭で，「聞き手の応答（T2）は直前の話し手の発話（T1）に対す
る理解を表示する」という連鎖分析の基礎となる考え方を述べました．ここで
はこの点を逆方向から裏づけてみましょう．

【例2-3】
T1 A：明日誰が来るか知ってる？
T2 B：誰誰？
T3 A：林先生らしいよ.
T4 B：へー，珍しいねえ.

　この例では，T3 で A が「林先生が来るらしい」というニュースを伝えてい
ますが（告知 announcement），その前に T1A と T2B のやりとりがあります.
ニュースを告知する際に，その前置きとして聞き手の知識の有無を尋ねるこう
したやりとりは「先行告知 pre-announcement」（Terasaki 2004）と呼ばれます.
このように，T1 のような形式の発話は単なる質問ではなく，T3 以降で本題と
なるやりとりを行うための準備（先行連鎖 pre-sequence）となっていることが
多いです（Schegloff 1988）[4]．

---

4) ここでの先行連鎖や直前で紹介した挿入連鎖のように，ベースとなる隣接ペアが別の隣接ペアな
どによって拡張された3発話ないし4発話からなる連鎖を総称して「拡張連鎖 expansion」と呼
びます．こうしたさまざまな連鎖とその背後にある考え方については高梨（2001）や伝（2009；
2015）に概説があります．より専門的な解説についてはSchegloff（2007）を参照してください．

　しかし，全く同じ形式の T1 の発話が先行告知ではなく，純粋な（応答から必要な情報を得たい）質問であることもありえます．ここでも T2 の直後の時点に遡って，A の立場に立って考えてみましょう．

> T1 A：明日誰が来るか知ってる？
> T2 B：誰誰？
>
> 　　↓この続きはまだ決っていない

　ここで，T2 の B の反応から A が気づくことができるのは，B が T1 を先行告知と理解したのだろうということ，そして純粋に質問をしようとしていた A としては「誤解された」ということでしょう．このように，「聞き手の応答（T2）は直前の話し手の発話（T1）に対する理解を表示する」ということは，裏を返せば，T1 の発話の話し手にとって，聞き手がこの T1 を誤解したことが明らかになるのも T2 の発話においてだ，ということでもあります．したがって，T1 の発話に対する誤解を修復 repair する手続きが開始されるのは，次のように T3（以降）においてということになります（Schegloff 1992）．

【例 2-4】
T1 A：明日誰が来るか知ってる？
T2 B：誰誰？
T3 A：知らないのよ．
T4 B：ああ．林先生じゃないかなあ [5]．

　このように，「聞き手の応答（T2）は直前の話し手の発話（T1）に対する理解を表示する」という立場からは，誤解の多くもまたすぐに顕在化し，顕在化したらすぐにこの誤解を訂正（修復）する機会もあるということが分かります．「誤解されたんじゃないか」といった不安を抱えたままになるといった事態は案外多くはないのかもしれません．

5）このT4からは，実はBはT1に回答することができる情報をはじめから持っていたことが分かりますので，T2の聞き返しはBが情報を持っていなかったことによるものではなく，別の意図によるものであるということ，すなわち，先行告知に対する適切な応答として話の先を促すためのものであったということができます．

A-5　応答における選好性

　最後にもうひとつ，上記の隣接ペアの表 2-1 の中でこれまで触れていなかっ
た重要な点について説明しておきましょう．それは隣接ペアの第二部分として
の選好性 preference という現象です．

　この表の中では，依頼に対する承諾／拒否などのように，第二部分の応答に
「／」で区切られた二つの選択肢があるものがありますが，こうした場合，こ
れらの二つの選択肢は対等ではなく，「選好される preferred」ものと「非選好
的な dispreferred」ものという優先順位が見られます．直感的には，あなたが
もしこれらの第一部分に対して応答しなければならない聞き手の立場にいたら，
どちらの選択肢の方が「答えやすい」かという観点から，簡単に判断できます．
そして，実際の会話データでも，選好される応答はすかさず簡単に示されるの
に対して，非選好的な応答には，応答の遅れやためらいなどの前置き，非選好
的な応答をせざるを得ない理由の説明（Antaki 1994）といった特徴が伴ってい
ることが一般的に観察されます[6)]．この表の中には非選好的な応答の例は挙げ
られていませんので，みなさんで考えてみてください．

　このリストの中に，「評価」に対する「同意／不同意」というペアがありま
すが，これについては，他の隣接ペアとは異なる興味深い側面もありますので，
次の分析編で取り上げてみましょう．

表 2-1（再掲）　隣接ペアの例（伝（2009）の細部を改変）

第 1 部分		第 2 部分	
質　問	太郎はどこ？	回　答	学校よ
依　頼	塩を取ってください	承諾／拒否	はい
申し出	コーヒーはいかが？	受諾／拒否	どうも
誘　い	映画に行かない？	受諾／拒否	いいよ
謝　罪	ごめんなさい	承認／拒絶	いいのよ
感　謝	ありがとう	承認／拒絶	どういたしまして
評　価	楽しかったなあ	同意／不同意	そうだね
非　難	その態度よくないよ	否認／是認	そんなことないさ
挨　拶	こんにちは	挨　拶	こんにちは

【B：分析編】 7)

　理論編で述べましたように，言語行為論の観点からは，発話は単に外界の出来事を「記述」しているのではなく，何らかの「行為」を遂行しているものとみなされる必要があります．また，隣接ペアなどの連鎖構造はこうした行為を遂行する複数の発話から構成されるものです．しかし，言語の機能を考える上で，記述と行為という二分法だけで十分でしょうか？　この疑問について考えるため，この分析編では「評価」というさらに別の観点を導入した分析を紹介することにしましょう．この観点を導入することによって，単に言語の持つ機能についてより多角的な見方ができるようになるだけでなく，発話間の連鎖関係についても，理論編で紹介したものとは性質の異なるものが存在していることが分かってきます．

B-1　言語の評価的次元

　言語には対象世界を客観的に記述するという機能以外にも，発話者の「評価」や「意見」を述べるという役割もあります．例えば，「金閣寺は京都市内にある」は事実の客観的な記述といえますので，「金閣寺」が「京都市内にある」ならば「真」，「京都市内にない」ならば「偽」というように，命題として真偽を問うことができます．しかし，「金閣寺は美しい」の場合はどうでしょうか？「京都市内にある」かどうかとは異なり，「美しい」かどうかについては誰もが同意する客観的な真偽は決められないように思います．つまり，「金閣寺は美しい」については，客観的な「事実」を述べているというよりも，話し手の主観的な「評価」を表現していると考えた方がよさそうです．理論編で述べたように，一方で言語の機能については「記述」対「行為」という比較軸があるわけですが，他方では，ここで見たように，「記述」と対比される次元としては「評価」という観点もあるといえそうです．

---

6) レヴィンソン（Levinson 1983）の第 6 章には選好性に関する体系的なまとめがあります（訳語は「優先応答体系」となっています）．また，非選好的応答について，日本語の会話データを用いて比較的早い時期に行われた研究としては，ザトラウスキー（1993）による「勧い」に対する「拒否」の分析があります．
7) 本節の執筆に際しては高梨（2008）を参照しました．

　言語の持つ評価的側面を分析対象とするのは，実は必ずしも容易ではありません．言語学的な研究としては，評価的な意味を直接的に表すと考えられる形容詞を属性／感情形容詞に分類するといった方法もありますが（益岡・田窪1992），自然な会話コミュニケーションの中での言語の評価的側面は必ずしもこうした語彙的表現などに明示的に現れるものばかりとは限らないと考えられるのです．例えば，次の例2-5では，Cが「ゴキブリは飛ぶことができる」という命題を含んでいるように見える発話を行っていますが，直後の他の参与者の反応を見れば，この発話は必ずしも事実の客観的な記述だけを行っているのではなく[8]，話し手の主観的な判断や嗜好といった評価を含んでいると考えるべきではないでしょうか？

【例2-5】
1 C：ゴキブリって飛ぶやんなやっぱ.
2 B：いやー 恐い恐い. いやねー
3 A：飛ぶ飛ぶ.
4 C：もうそれが恐いねん.

　そうすると，評価的発話を特定するのに語彙などの表層的な手がかりだけに頼るのは不十分なのではないかと考えざるを得なくなります．そこで，この問題についても，理論編で導入した「応答はその話し手が先行発話をどのように理解したかを表示する」という連鎖分析の考え方を用いてアプローチすることを考えてみましょう．

B-2　評価連鎖

　復習になりますが，理論編で解説しましたように，隣接ペアは，挨拶−挨拶，質問−応答，依頼−受諾／拒否などのように，二つのターンが相互に関連づけられて形成される発話連鎖です．そして，隣接ペアの第一部分は「条件的関連性」によってその直後に特定の第二部分が生起するのを理解可能にし，逆にその不在に気づかせる契機などを提供するということを見ました．
　さて，隣接ペアと類似の発話連鎖として，ポメランツは，ある参与者による

---

8) このことには，「ゴキブリは飛ぶことができる」はAやBにとっても当然既知の情報であるため，わざわざこれを「伝達」するのはおかしいということも関わっているでしょう．

「第一評価」となる発話の直後では聞き手が同意／不同意を表明する「第二評価」となる発話が要請されるということを発見しました（Pomeranz 1984）[9]. この関係は隣接ペアの第一部分が第二部分に対して課す条件的関連性と類似したものですね. そこでこれを評価連鎖の「同意要求的」側面と呼ぶことにしましょう. 例えば,

【例 2-6】
　J：今日はいい天気だねえ.
　L：うん素晴らしいねえ.

といった発話連鎖では, J の発話命題「いい天気だ」について,「唯一の正解」としての真偽が問題になるのではなく, 焦点になるのは J と L の間での評価の一致です.

　次に, この例では「いい」という表現からも, J の発話が評価発話であることがわりと明確でしたが, 逆に, 例 2-5 の「ゴキブリ」の例からも分かるように, 冒頭の C の「ゴキブリって飛ぶやんな」だけではこれが評価的な発話であることが必ずしも明確でなく, 直後の A や B の応答を見て初めて, この発話が評価的なものとして理解されたことが分かる, という場合もあります. このように, 連鎖分析の考え方を導入することによって, ある発話に含まれる評価的な側面を, 言語表現や個人の心的状態のみによって説明しようとするのではなく, 聞き手による同意／不同意という応答との相互関係という観点から捉えることができるようになります.

　また,「同意要求的」という用語には, 第二評価としては「同意」の方が「不同意」よりも好まれるという事実も含まれています. そのため, 聞き手は第一評価に同意する場合にはそのことをためらいなく表現できるのに対して, 同意したくない場合には, 応答が遅れたり, ためらいを表す表現が伴ったり, なぜ同意できないかについての言い訳などを補足したりすることになります. これ

9）その一方で, 理論編では, こうした評価連鎖は他の隣接ペアとは異なる性質を持つといいました. それは,「依頼」や「申し出」などの隣接ペアとは異なり, 第一評価はそれ自体が「行為」であるといえるかの判断が難しいためです. 例えば,「君はまた赤点なのか」という評価発話はこれによって「非難」という行為を行うための「手段」であると考えることもできます.

は理論編の A-5 で紹介した応答の選好性の現れです.

B-3 遡及的連鎖

しかし,評価連鎖には,上記のような第一評価と第二評価の間の同意要求的関係だけでなく,これとは全くメカニズムの異なる連鎖関係が同時に含まれている場合もあります.

【例 2-7】
1 A：もうこんな時間か.
2 B：そんなにイライラしないで. ［第一評価］
3 A：イライラなんかしてないさ. ［第二評価］

この例では,2B と 3A の間に同意要求的関係が見られます. しかし,そもそも,第一評価になる 2B はなぜ生起したのでしょうか? おそらくこれは,B が直前の発話 1A の中に評価を表明すべき何らかの特徴を見い出したからなのではないかと考えることができそうです. そこで,評価連鎖には,第一評価と第二評価の間の「同意要求的関係」だけでなく,1A のような直前の発話内容・行為が持つ評価的側面をある参与者が第一評価(2B)として「顕在化」させるという「評言的関係」も含まれていると考えることにしましょう.

評価連鎖に含まれる評言的関係について考えるには,シェグロフのいう「遡及的連鎖 retro-sequence」(Schegloff 2007)という概念が有効であると考えられます. 理論編で論じましたように,隣接ペアにおける第一部分と第二部分の間には前者が後者の生起を条件づけるという方向での関係が見られます. これに対して,遡及的連鎖の典型例である修復連鎖(Schegloff et al. 1977)には,問題源,修復開始要素,修復候補という三つの要素が含まれています.

【例 2-8】

　これらのうち，修復開始要素と修復候補の間の関係は隣接ペアの場合と同様の方向のものです．しかし，問題源と修復開始要素の間の関係においては，時間的に先行するのは問題源の方ですが，隣接ペアの第一部分とは異なり，この問題源が修復開始発話の生起を条件づけているわけではないことが分かります．むしろ，問題源がまさに「問題のあるもの」として認知されるのは，これに対する修復開始要素が生起したことによってであると考えるべきでしょう．逆に，こうした修復開始要素が聞き手から示されなければ，そもそもある発話が「問題源」になるということもないわけです．例えば，ある発話に明らかな言い誤りなどがあったと外部の観察者には思えたとしても，これが聞き手によって「スルー」されたならば，参与者の視点からは問題がなかったことになる，ということです．このように，問題源は直後に修復開始要素が生起することによってはじめて，遡及的に「問題源」となるのです．こうした特徴を備えた修復開始要素は条件的関連性と遡及的関係という二種類の逆方向の連鎖関係に同時に含まれる「ピボット」的な性質を持つ存在だといえるでしょう．

　遡及的連鎖の体系的な研究は，実はまだ始まったばかりなのですが（鈴木ら2014 など），遡及的連鎖の例としては，修復以外にも笑いや注意喚起 noticing などを考えることができます．また，修復連鎖における問題源は修復対象 repairable，また笑いの対象は laughable とも表現されます（以下「X-able」）．「修復されるべきもの」「笑うべきことがら」といった感じですね．遡及的連鎖はこうした X-able を発した話し手の「意図」や「計画」によって開始されるのではなく，話し手の発話に特徴 X-able（修復すべき点や笑うべき点など）を発見した応答者によって開始されるものであるといえるでしょう．しかし，これはひとたび開始されると，X-able を発した元の話し手をその連鎖に巻き込んでいくものとなります．そして，同意要求的関係と評言的関係という逆方向の二種類の連鎖関係が含まれている評価連鎖も，遡及的連鎖の一種と考えられるのではないかと思います．実際，グッドウィンらも評価対象のことを assessable と呼んでいます（Goodwin & Goodwin 1987）．「評価を示すべきもの」といった感じでしょうか．

B-4　評価連鎖の事例

　説明が長くなりましたが，以上の理論的な観点について，事例を用いて確認
しておきましょう．

【例2-9】6人もおるん
```
  01 A：どこ？ 高校
  02 C：高校？ 高校は江戸川：東ってゆうこれまたこれ ［またマイナーなうん
  03 A：                                             ［あ，そうなんや：
  04 C：公立公立 ［：
  05 B：        ［へ ［：
  06 A：            ［へ：．K大来た人おった？
  07 C：K大来た人六人かな ［：        ［評価対象］      評言的関係
                                                  （遡及的連鎖）
⇒08 A：            ［六人 ［もおるん ［第一評価］
  09 B：                ［へ：          同意要求的関係
                                                  （条件的関連性）
→10 C：うん六人，多いんかな ［：      ［第二評価］＝不同意（非選好的）
  11 A：                ［多いよ ［：
  12 C：                    ［なんか私           ［協議］
     ：少ない ［とか思っとったけど
  13 A：       ［いや，うちあたしだけやも：ん
```

　まず，同意要求的関係は8Aと10Cの間に見られます．8で「K大学に合格
した」人が「6人」というのが多いという驚きをAが表明しており，これが第
一評価となります．この第一評価に対して，Cは10で「多いんかな」と疑念
を呈していますので，これが「不同意」を表す第二評価となります．このよう
に，「ある高校からK大学に入学したのが6人」だというのは各参与者の知識
や経験に応じて多いとも少ないとも判断されうるものですので，「6人は多い／
少ない」ということを客観的に決めるのは困難です．さらに，第二評価におい
て「不同意」は非選好的な選択肢ですので，この直後から，AとCはそれぞれ
に，自身の評価の根拠を示すなどの「協議 negotiation」を進めていくことにな
ります．

　次に，もう一つの連鎖関係である評言的関係について見てみましょう．8A
の第一評価では，直前の7Cで示された「K大学に合格した人が6人だった」
という事実に対してAは驚いており，そのためこの事実を「評価を示すべき対
象 assessable」として捉えたことが分かります．ここで重要なのは，人によっ

てはこの事実に対してここでことさらに評価を示さないこともありうるだろう
という点です．つまり，7C が評価対象としての地位を獲得するのは直後の 8A
がこれをそのように扱ったからだということになります．このように，評価連
鎖における第一評価の中には，直前の発話を遡及的に評価対象としてハイライ
トするという役割を持ったものもあることが分かります．

B-5　評価連鎖からの発展

　評価連鎖には，以降の章の内容にも関わる，さらに広範な問題関心に関係す
る可能性が含まれています．

　まず，三項関係という観点について考えてみましょう．グッドウィンらは，
評価連鎖の中で各参与者の表明する態度が異なるのは両者の間で評価対象につ
いての経験やアクセスが異なるためだと指摘しています（Goodwin & Goodwin
1987）（図 2-1）．このことをより突き詰めて考えるならば，評価連鎖について分
析する際には，連鎖に含まれる発話間の関係やこれらを発する参与者間の人間
関係を視野に入れるだけでは不十分であり，各参与者と評価対象との間にある
関係についても考慮しなければならないのではないかと考えられます．

　もし X が客観的な事実のようなものならば，X は参与者 A から見ても B か
ら見ても同じということになりますので，(a) と (b) の矢印には違いがないこ
とになります．しかし，X について評価するという場合には，X に対して，参
与者 A と B とが互いに異なる経験や嗜好などを持っているという可能性が生
じますので，(a) と (b) という
関係が別々に必要になるわけで
す．こうして出来上がった，二
人の参与者と一つの対象物を含
む関係は，乳児と養育者の間で
の原初的コミュニケーションと
して重要な「共同注意」（大藪
2004）の場面と同じ構造を持つ
ことになります[10]．こうした対
象物を含むコミュニケーション

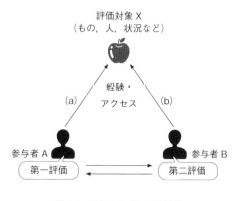

図 2-1　評価をめぐる三項関係

場面については，第4章のマルチモダリティ性の章で詳しく扱います.

　次例（再掲）についても，こうした観点から再検討してみましょう.

【例2-7 (再掲)】
1 A：もうこんな時間か. ［評価対象］
2 B：そんなにイライラしないで. ［第一評価］
3 A：イライラなんかしてないさ. ［第二評価］

　上述の遡及的連鎖という考え方からは，1A が 2B の発話を義務的に引き起こ したと考えるのは適切ではなく，むしろ，B が 1A の発話や態度に何らかの評 価的な特徴を見い出し言及したことがこの連鎖が形成される契機となったと見 なすべきだと考えられます. そして，「1A の発話や態度に何らかの評価的な特 徴を見い出す」ということが可能になるのは，おそらく B が A の置かれてい る状況やその中での A の振る舞い方について何かを観察できるからではない でしょうか？　そのように考えるならば，1A は既に始まっている会話の中で B に向けて発せられたものである必要さえなく，例えば，独り言のようなもの であっても構わないし，発話以外の何らかの振る舞いであってもよいのではな いかということにも気づきます. このように，ここでも評価連鎖の背後には A と環境との間の関係が潜在しており，この関係の方が A と B との間の人間関 係よりもより焦点化されていると考えることができるわけです. 会話の各参与 者が環境内の対象物などに「関与」するという現象を視野に入れた分析法につ いては，第7章で詳しく紹介したいと思います.

---

10) 言語の持つ指示 reference の機能の観点からいえば，言語使用に参与者と対象物との関係が 関わっていることは当たり前ですが，ここでは同じ対象物との関係が複数の参与者の間で異 なるという可能性を特に焦点にしています.

第3章
話し手と聞き手の相互関係：基盤化

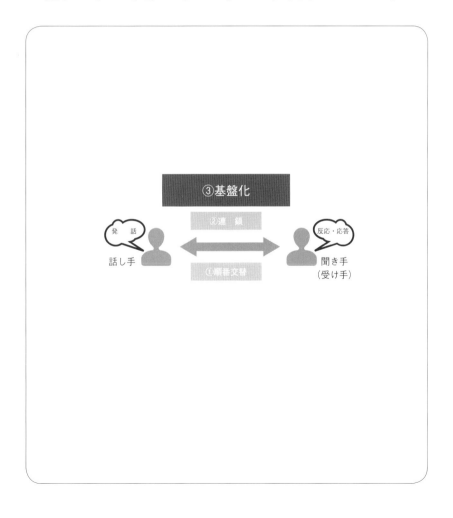

【A：理論編】

　第2章では，会話コミュニケーションを分析する際の最も重要な見方として，次のような考え方を導入し，隣接ペアをはじめとするさまざまな連鎖関係について紹介してきました．

> **連鎖分析の考え方（第2章から再掲）：**
> 聞き手が話し手の発話をどのように理解したかは聞き手の次の発話（応答）に観察可能な仕方で現れる．なので，話し手の発話を分析する分析者もこうした聞き手の応答を分析の手がかりとすればよい．

　これらの連鎖関係は主に発話と発話の間の関係です．つまり，これらの関係は第1章で紹介した順番交替システムが作動することによって，現行話者によるターンと次話者によるターンとの間に形成されるものです．ただし，第1章でも少し述べましたが，「発話 utterance」をデータの中から認定することや，さらにはこれを理論的に定義することはかなり困難な作業になりますので，ここではある会話参与者がある発話順番（ターン）の中で発した，概ね一つの文に相当する程度のまとまり，というぐらいに理解しておいてください．

A-1　基盤化

　しかし，発話をこのようなものとして捉える場合，さらに広い意味での連鎖関係の中には，発話同士の間のものだけでなく，発話未満のものを単位とした関係もあるのではないかという考え方もできそうです．そこで，こうした場合を対象とするため，上記の「連鎖分析の考え方」を次のように少し修正したものも挙げておきましょう．こうした聞き手の「そのつどの反応」として一番分かりやすいのが，第1章でも少し触れた聞き手のあいづちです．

> **連鎖分析の考え方（発話未満のレベルで）：**
> 聞き手が話し手の進行中の発話をどのように理解しているかは聞き手のそのつどの反応に観察可能な仕方で現れる．

　クラークは会話分析における連鎖分析の考え方をもう少し一般化した「基盤化 grounding」という概念を提唱しました（Clark 1996）.

　基盤化：
　「話し手が意味したことを聞き手が現行の目的に照らして十分に理解している」ということを話し手と聞き手が相互に信じている.

　「話し手と聞き手が相互に信じている」という部分が分かりにくいかもしれません. 話し手と聞き手が「相互に信じている」かは分析者には直接観察することができないからです. しかし, 相手の頭の中の状態を観察できないという点は会話に参与している話し手と聞き手にとっても同じはずです. では, 彼らはこの問題についてどのように対処しているのでしょうか？

　そこで重要になるのが, 話し手が聞き手にとって観察可能な何らかの行動を「提示 presentation」し, 聞き手もこれを「受理 acceptance」したことの合図として何らかの観察可能な応答を示すという一連の行動からなるプロセスです. そして, 話し手からの提示は受け手からの受理を受け取ることによってはじめて両者の間で「基盤化」されたといえるようになると考えるわけです（図 3-1）. これならば会話の参与者にとっても分析者にとっても観察可能ですよね [1].

　このように, 聞き手から「受理」の合図は元の話し手にとっても, 分析者にとっても, 基盤化の「証拠」となります. クラークはこうした基盤化の証拠として次のようなものを挙げています.

提示

| 話し手 | | 受け手 |

受理

図 3-1　提示と受理による基盤化

---

1)　クラークは, こうした話し手と聞き手との間の基盤化というアイディアに至る背景として, 言語行為論が専ら話し手の側だけに着目した理論であった（第 2 章）という点を批判しています（Clark 1996）.

- ● 否定的証拠：聞き間違いや誤解の証拠が見い出される場合
- ● 肯定的証拠：
- ・継続的注意：相手がしていることや注意を向けているものを瞬間ごとにモニターする
- ・主張：うなずきやあいづちによる承認
- ・前提：要求された応答（隣接ペアの第二部分）の産出や適切な次発話の開始
- ・表示：特定の型の応答を産出することで，相手の発話をどのようなものとして理解したかを示す
- ・例示：相手の発話の言い換えや復唱，しかめ面や失望などの表情，笑いなど

　これらのうち，否定的証拠に含まれている誤解については既に第2章で観察しましたね．また，肯定的証拠の中の「前提」や「表示」は第2章で取り上げた隣接ペアに典型的に現れているものです．「主張」については，本章の以降の部分で取り上げるあいづちが典型的なものです．「継続的注意」については次の第4章で扱います．

A-2　コミュニケーションの階層性

　しかし，基盤化の証拠として，こうしたさまざまな種類の現象が挙げられている理由は何でしょうか？　この点について体系的に理解するためには，これまで「発話」や「ターン」などと呼んできた現象を，実は複数の異なるレベルの行為を同時に（多重的に）行っているものと見なすことが必要になります（表3-1）[2]．例えば，「提案」という話し手の行為が達成されるためには，聞き

表3-1　基盤化の階層性（石崎・伝（2001）を改変）

レベル	話し手Aによる提示 （AがBに対して）	聞き手Bによる受理 （BがA（から）の）
4	相互行為wを提案する	提案wを考慮する
3	命題pを意味する	命題pを理解する
2	信号sを提示する	信号sを同定する
1	行動tを実行する	行動tに注目する

2) より詳細な解説が石崎・伝（2001）の第7章にあります．

手がこの提案を受け入れるかどうかを「考慮」するというだけでなく（レベル4），そのための前提として，そもそもこの発話の意味が「提案」であることを聞き手が「理解」している必要がありますし（レベル3），さらにそのためには，話し手が発した発話の言語表現を聞き手が正しく「同定」していなければなりませんし（レベル2），そもそも話し手が発話しているということに聞き手が気づいて（「注目」して）いなければならないはずです（レベル1）．このように，表層的には一つの行為に見える発話は理論的には実は複数の異なるレベルでの行為を同時に遂行しており，上位のレベルの行為はそれよりも下位のレベルの行為が成功していなければ達成できないものなのではないかと考えられるのです．

　このように，基盤化の理論では，話し手と聞き手のそれぞれの行為の間の相互関係が基本単位となっているという基本的な点では，第2章で紹介した連鎖分析と共通しているといえますが，その一方で，発話間の関係だけでなく，発話の一部の構成要素のような発話未満の行動についても同様に基盤化という考え方でまとめられるのではないかと考えられています．そのため，例えば，隣接ペアの第一部分となる発話に対して聞き手が第二部分となる応答を返すことと，進行中の話し手の発話の途中の位置で聞き手があいづちを打つこととを，どちらも基盤化であると見なせると同時に，両者の間にはレベルの違いもあるということが説明できるようになります．

　そこで，分析編では，あいづちという発話未満のレベルでの基盤化についての分析例を紹介します．なお，最も下位のレベルの基盤化である「継続的注意」については，次の第4章で改めて取り上げます．

A-3　対面コミュニケーションの特徴

　本書では，さまざまな形態のコミュニケーションの中でも最も基本的だと思われる「会話」に焦点を当てていますが，基盤化という観点からは，会話のような対面でのコミュニケーションには次のような特徴があるということも分かってきます（Clark & Brennan 1991）．

・共在性 copresence：A と B が同じ物理的環境を共有している

・可視性 visibility：A と B が互いに見える
・可聴性 audibility：A と B のコミュニケーションが音声言語による[3]
・共時間性 cotemporality：B が受け取るのは A の産出とほぼ同時である
・同時性 simultaneity：ある参与者が同時に送信と受信を行うことができる
・連鎖性 sequentiality：A と B のターンが連鎖を外れることができない
・見直し可能性 reviewability：B が A のメッセージを見直すことができない
・推敲可能性 revisability：A が B のためのメッセージを私的にかつ送信前に推敲
　できない

　当たり前のものばかりに見えるかもしれませんが，これらの点は会話のよう
な対面コミュニケーションをメディアを介したコミュニケーションやマスコミ
ュニケーションなどと比較するのに有効です[4]．例えば，対面コミュニケーシ
ョンには共在性，可視性，可聴性，共時間性，同時性，連鎖性がありますが，見
直し可能性や推敲可能性はなく，逆に，手紙の場合には見直し可能性と推敲可
能性のみがあると考えられます．もちろん，これらの観点は長所でも短所でも
ありえます．例えば，時間的同期関係（共時間性）に関していえば，受け手の
状況に関わらず時間を気にせずにメッセージを送れるという電子メールなどの
長所は，相手がメッセージを受け取ったかどうかや，いつ応答が得られるのか
などが分からないという意味では短所にもなりえます．あるいは，電話のよう
に空間的に離れていても使用できるメディアに関しても，チャンネルが限定さ
れることによる制約（主に可視性）や空間的リソースを共有していないことに
よる不都合（共在性）がありえます．また，マスコミュニケーションについて
も，不特定多数の受け手に送信できるという利点がある反面で，対面コミュニ
ケーションと比較すると，送信者はこれらの受け手からの「基盤化の証拠」を
得にくいため，連鎖性や同時性は低いということになります．そのため，新し
いコミュニケーション技術は必ずしも従来のものに取って代わるわけではなく，

---

3) 視覚言語である手話会話では，可聴性は必要な特徴とはなりません．手話会話に興味がある方
は坊農（2010；2013）などを参照してください．.
4) メディアコミュニケーションの特徴についてより詳しく知りたい方は松尾（1999）や岡田ら
（2002）などを参照してください.

多様なコミュニケーション手段をユーザが目的や状況に応じて「使い分ける」
ようになる場合が多いと考えられます.

A-4　日本語会話におけるあいづち

　本題に戻りましょう. 既に説明しましたように, 聞き手は話し手の発話が終
了してからおもむろに反応を示すのではなく, 進行中の話し手の発話の途中の
位置でもあいづちなどの反応によって基盤化に貢献しています. 特に日本語の
会話では, 聞き手は話し手の発話の最中にターンを取らない言語的な反応を積
極的に示すことが知られており, こうした特徴のことを水谷 (1988) は「共話」
と呼びました[5]. 実際, クランシーらは, 日本語の会話データを英語や中国語
の会話のデータと比較することによって, 日本語の会話では, あいづちの頻度
自体が高いことやターン構成単位 (第 1 章 A-2) の途中の位置にあいづちが生
起しやすいことを実証しています (Clancy et al. 1996).

　また, 日本語会話では, あいづちの頻度が高いだけでなく, さまざまな形態
のあいづちが見られます.「あいづち」というと, 典型的な「うん」や「はい」
だけを想像しやすいため, より広範な聞き手反応を総称する場合には,「応答ト
ークン」(response token; Gardner 2001, reactive token; Clancy et al. 1996) と
いう用語が用いられることもあります.

　従来のあいづちの研究では, あいづちにはどのような伝達的な機能があるか
という観点からのものが盛んでした. 例えば, 堀口 (1988) はあいづちの機能
を「聞いている」「理解している」「同意」「否定」「感情表出」の五つに分類し
ています. しかし, 会話データに生起するあいづちの事例のそれぞれについて,
その機能を客観的に認定することは容易ではありません. そこで, 伝らは, 広
義のあいづち (応答トークン) を, 機能よりも客観的に認定できる形態と生起
位置に基づいて分類する手法を提案しています (Den et al. 2011)[6]. このうち,

---

5) 日本語会話の「共話」的な特徴は必ずしも文化的価値観のようなコミュニケーションの場にと
　って外在的な要因によるものとは限らず, 第 1 章の分析編で見たような, 日本語の持つ語順な
　どの文法的特徴と密接に関係したものであるという可能性も考えられます.
6) 要点は伝 (2015) にもまとめられていますので, 初学者はそちらを参照する方が便利だと思い
　ます.

表 3-2　あいづち表現の形態による分類

分類	説明	例
応答系感動詞（B）	（さまざまなレベルにおける）相手発話の受容を表わすもの	「ああ」「うん」「ええ」「はい」など（2回以上の繰り返しを含む）
感情表出系感動詞（E）	相手発話や状況に誘発された気づきや驚き・落胆・感心などを表わすもの	「あっ」「あー」「えっ」「ふうん」「へえ」など（2回以上の繰り返しを含む）
語彙的応答（L）	相手の意見や主張などに対する同意を表わす，慣習化された応答表現	「なるほど」「確かに」「そう（ですね）」「ね」など
評価応答（A）[7]	直前の相手発話の内容に対して，（主に形容詞・形容動詞による）短い表現で評価を示すもの	「すごい」「おもしろいな」「こわ」など
繰り返し（R）	直前の相手発話（の一部）の繰り返し	「でも三月，箱根」→「箱根」
共同補完（C）[8]	相手発話に後続するであろう要素を聞き手が予測し，補って先を続けたもの	「目のつけどころが」→「違うでしょう」

形態に関する分類は表3-2のようになります．同様の分類としてはガードナーによるものもあります（Gardner 2001）．なお，生起位置というもう一つの観点については，分析編で改めて取り上げることにします．

---

7) 第2章で紹介した評価連鎖は発話と発話の関係でしたが，ここでの評価応答は他の応答トークンと同様，話し手のターンの途中で生じる「ターン未満」のものです．このように，発話間関係とターン未満の現象のどちらとしても生じるという点にも，「評価」という現象を他の言語行為と同様の「行為」であると見なしにくいという点が現れています．
8) この現象は水谷（1988）が「共話」の典型例として挙げたものであり，堀口（1988）も「先取り」として挙げています．会話分析の観点からは，ラーナー（Lerner 1996）や林（Hayashi 2003）による分析があります．串田（2006）の「ユニゾン」もこれに密接に関連した現象です．

【B：分析編】[9)]

B-1　典型的なあいづちとしての継続子

　一般的に，あいづちの機能はその直前までの話し手の発話を「聞いている」ことや「理解している」ことを示すことであると考えられます（堀口 1988）．他方で，話し手の発話が時間的に徐々に進行していき，どこかで順番が他の参与者に移行するという観点を重視する会話分析の立場からは，多くのあいづちの機能は順番が交替する可能性のある位置で，その聞き手が話し手になる権利を行使しないということを示すことにあると考えることもできます．そのため，会話分析ではこうしたあいづちは継続子 continuer と呼ばれます（Schegloff 1982）．話し手に対して「続けてください」と合図しているというわけです．ここではこれを狭義のあいづちと考えます．

　理論編の表 3-2 でいえば，日本語会話での継続子は「うん」「ええ」「はい」といった応答系感動詞によって担われるのが一般的です[10)]．しかし，その他にもさまざまな形態の応答トークンが見られることからも推測できるように，広義のあいづちには継続子以外のものもあるのではないかと考えられます．そこで，ここでは感情表出系感動詞について，その特徴を分析した研究を取り上げます．

B-2　感情表出系感動詞

　ここでは感情表出系感動詞のうち，聞き手の興味や関心を表わすと考えられる「あー」「へー」「ふーん」の三つのあいづちに着目して分析します．

　ここでの研究の背景ですが，まず，常ら（2008）では，ポスター会話を用いて，視聴者のあいづちの形態的・韻律的特徴の分析が行われています．分析に

---

9)　本節を執筆するに際しては高梨ら（2010）を参照しました．
10)　しかし，その逆に，「応答系感動詞の大半のものは継続子である」ということはできません．応答系感動詞が継続子であるかどうかはその形態だけでなく，これが生起する位置にも依存して判断されなければならないためです．詳しくは伝ら（Den et al. 2011）や伝（2015）を参照してください．

用いられたコーパスは，説明者 A が視聴者 B，C に対して，自分の研究テーマ
について分かりやすく説明するポスター会話です．ポスター会話の特徴につい
ては，第 4 章の分析編を参照してください．分析の手順としては，まずこのポ
スター会話に見られる 11 の形態のあいづちについて，音声の基本周波数の最
大値とレンジ，パワーの最大値，持続時間の四つの韻律的特徴を分析し，これ
らの韻律的特徴に関する変動（バリエーション）が大きいあいづち形態として
「あー」「へー」「ふーん」の三つがあることが特定されています．さらに，常
ら（2009）では，これらの 3 形態のあいづちについて，上記の四つの韻律的特
徴量の上位／下位 10 個ずつの事例を選んで生起文脈とともに実験参加者に提
示する印象評定実験を行い，「関心」「興味」「驚き」「意外」の四つの評定項目
で韻律特徴量の大小による有意差が見られることや，どの韻律的特徴が活用さ
れるかが形態ごとに異なっていることが明らかにされています[11]．

　そこで，常ら（2009）と同じ，「あー」「へー」「ふーん」の 3 形態×四つの韻
律的特徴×上位 10 位の，計 120 個のあいづちの事例について，ここではこれら
が生起する話し手ターン内での位置と発話連鎖上での位置を分析することにし
ます．ただし，これらの事例の中には，複数の韻律的特徴で重複して上位にな
っているものもあるため，実際の事例数は 94 個です．さらに，これらの中から
同一形態のあいづちが連続しているものと異なる形態のあいづちが連続してい
る場合の最初以外のものを除き，残りの 87 個を分析対象とします．

B-3　ターン内位置とタイミング

　一つ目の分析として，対象とするあいづちが話し手のターンの中のどのよう
な位置で生起しているかを調べます．

　まず，あいづちのターゲットとなっている節単位（第 1 章理論編参照）を特定
し，原則としてその末尾を「ターゲット末尾」と認定しました[12]．次に，以下の
基準と手順で当該あいづちのターン内での生起位置を分類することにしました．

11）理論編で述べましたように，あいづちの「機能」の認定はどうしても主観的になりがちです．
　　ここでの「聞き手の興味や関心を表わす」という特徴づけも機能に関するものですが，この
　　研究ではこれらの機能が実際に見られるかどうかを実験によって確かめているわけです．
12）このデータでは，節単位はCSJの基準に従って分析者自身が認定しています．

1. 不明：ターゲット発話自体が不明のもの.

2. 焦点：あいづち反応のターゲットとなる「焦点要素」をターゲット発話単位内で特定できるもの.

3. 遅延：焦点にならなかったもののうち，当該あいづちの開始時点以前に次の発話単位が開始されているもの.

4. 末尾：不明，焦点，遅延にならなかったもの．典型的なタイミングで生起した継続子は結果としてここに分類されることになる.

＊焦点要素：評価表現や質問への回答の焦点となる特定の名詞や動詞，驚くべき事実，説明の核心となるキーワード，直接引用形での具体例の提示など

　焦点要素の種類ごとに事例を挙げます．下線部分が認定された焦点要素で，あいづち（(B_XX)）がターゲット発話内のどの位置で開始されたかが★印で示されています[13].

【例3-1】評価表現の例

　→A：〈／あのー／ま　ユーザの　状況に応じて／例えば　あのー／まー／<u>時間が　ない</u>
　　　<u>時に　長々　だらだらと　説明されても</u>　★まー　困りますし〉T

　⇒B：★／（B_あー）／

【例3-2】質問への回答焦点の例

　B：〈／白人は　持ち出せるんですか／〉

　A：〈／持ち出せないんです／〉

　A：〈／だけど／結局　何で　買っちゃうっという〉

　B：〈／どう　するん／のかな　それを／〉

　→A：〈あの／<u>住んでる　外国人</u>っていう★のも　いるんですよね／〉T

　⇒B：★／（B_あー）

---

13) 以降の事例中のその他の記号の意味は次の通りです．⇒：対象あいづち行，→：ターゲット発話行，T：ターゲット末尾，〈：節単位開始，〉：節単位終了，／：間休止単位境界．間休止単位とは一定の長さ（200msのことが多い）以上の発話休止で区切られた発話単位であり，機械的に認定できるなど，節単位などよりも認定が容易なため，コーパス作成などの際の基本的な単位として多く採用されています．発話単位の比較についての詳細は坊農・高梨（2009）を参照してください.

【例3-3】驚くべき事実の例
　A：〈／そう　だから　例えば／ここって　わりと　簡単に　えー　ここの　人種　なん彼らは　乗り越える　ときが　あるんですが／〉
→A：〈／ん　例えば／え　白人の　場合　えーっと／え　人間って　そもそも　アフリカから　ん／来たん★やんな／と　言ってしまえば　黒人になるわけなんですよね／〉T
⇒B：／★（B_ふーん）

　これらの事例から推察されることは，「あー」「へー」「ふーん」のような感情表出系感動詞は，焦点要素を明確に特定できる事例ではこれらの焦点要素への反応として生じており，継続子のように，発話単位末（T）で生じるものではないのではないか，ということです．

　そこで，これらの感情表出系感動詞の事例の中で，焦点要素が特定できる事例がどの程度あるかを調べるため，「あー」「へー」「ふーん」のそれぞれについて，ターン内での生起位置ごとの事例数を数えてみました（表3-3）．

　すると，3形態の合計では，焦点が末尾とほぼ同数見られることが分かりました．また，形態ごとに見ると，「へー」や「ふーん」と比較して，「あー」では特に焦点が多いことが分かります．

　次に，焦点，末尾，遅延の三つのカテゴリについて，（当該あいづち開始時間）－（ターゲット節単位末尾時間）によって，ターゲット末尾を基準とした生起タイミングの分布を調べました（図3-2）．

表3-3　ターン内での生起度数

	あー	へー	ふーん	全 体
焦 点	17	10	9	36
末 尾	7	14	16	37
遅 延	4	1	3	8
不 明	0	4	2	6
計	28	29	30	87

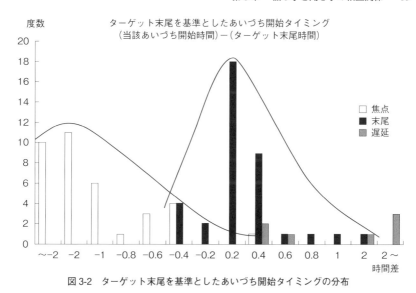

図 3-2　ターゲット末尾を基準としたあいづち開始タイミングの分布

　焦点と末尾の度数分布から分かるように，焦点ではマイナスのものが多いのに対して，末尾では ±0 付近が多くなっています．あいづちに関する従来の多くの分析では焦点要素の特定が行われていないため，このようにタイミングの分布の異なる異質なあいづちが混在した結果となっていた可能性があります．

B-4　聞き手反応を誘発するターンデザイン

　このように，感情表出系のあいづちの中の少なくとも一部のものは，話し手のターンに含まれている特定の焦点要素に対する聞き手の反応をタイミングよく示すためのものなのではないかと考えられます[14]．

　しかし，本章の理論編で取り上げた基盤化という考え方からは，単に聞き手が話し手発話（の中の特定の要素）に対する受理の合図を一方的に示すというだけでは不十分であり，話し手の方もこうした聞き手のあいづちに注意を向けることによってはじめて基盤化が達成されると考えるべきではないでしょう

---

14)　この点については，グッドウィンら（Goodwin & Goodwin 1987）の着眼点を参照しています．また，感情表出系のあいづちが生起するタイミングが継続子とは異なるのではないかという発想はグッドウィン（Goodwin 1986b）をもとにしています．

か？　そこで，ここでは焦点要素に対する聞き手のあいづちが生じている箇所
で，話し手の発話の側に何らかの工夫が見られないかを分析してみましょう．

　そのため，ここでは焦点要素のある事例のみを分析対象とします．「焦点」に
分類された事例は 36 例ありましたが，その中にはターゲット発話が同じもの
もありましたので，ターゲット発話は 32 例です．これらの話し手発話を分析
したところ，当該のあいづち開始位置のきわめて近くに，次のような特徴的な
表現が多く見られることが分かりました．

表3-4　焦点要素のあるあいづちのターゲット発話の表現特徴（数値は度数）

引用マーカー	「という」とその異形態	18
ヘッジ表現	「ような」「みたいな」「ふうな」など，引用マーカーに後続し，統語的・意味的に削除可能な表現	7
連体修飾	引用マーカーやヘッジ表現が「こと」「の」「感じ」などの形式名詞や当該文脈で明らかな既知名詞を連体修飾するもの	17

　次の2例では，焦点要素（下線）の直後に，引用マーカー，ヘッジ表現，連
体修飾という3種類の表現がすべて用いられています（斜体）．この他にも，こ
れらの3種類の表現のうちの二つを含む例も多く見られました．

```
【例 3-4】
A：ユーザの　聞きたい　ことを　含んでるなどいった　ような★　ことを　判定して
B：　　　　　　　　　　　　　　　　　　　　　　　　　　★（B_ あー）
```

```
【例 3-5】
A：襲うっていう　ような　★話も　あったり　するので
C：　　　　　　　　　★（B_ へー）
```

　これらの表現の一つ目の特徴は，その直前に当該あいづちの反応先となる焦
点要素があることです．そのため，これらの表現を「焦点マーカー」と呼ぶこ
とにします．しかし，二つ目の特徴として，これらのマーカー自体は統語的・
意味的に省略できることが多いということにも気づきます．ですので，これら

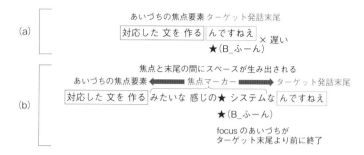

図3-3　焦点マーカーの有無の比較

の表現がある場合とない場合とを比較してみましょう（図3-3）.

　ここで改めて，これらの焦点要素に対する感情表出系のあいづちとの関係を考えてみましょう．まず，上図（図3-3 (a)）のように，焦点マーカーがない場合には，当該の焦点要素を含むターゲット発話の末尾がこの焦点要素のすぐ直後に来ることによって発話単位末までの時間が短くなります．その場合，あいづちが遅くなると，このあいづちが焦点要素にタイミングを合わせたものなのか，発話単位末に合わせたものなのかがあいまいになる可能性があります．これに対して，焦点要素とターゲット発話末尾との間に焦点マーカー要素が生起している下図（図3-3 (b)）では，ターゲット発話の末尾はこれらの焦点マーカー以降に来ることになるため，焦点要素と発話末尾の間にスペースが生み出されていることになります [15]．このように，焦点要素への反応を示す際に，聞き手の側が感情表出系のあいづちを継続子の場合とは異なるタイミングで表現しているというだけでなく，話し手の側でも，聞き手が異なる種類のあいづちをそれに適したターン内位置で表現することを可能にする工夫をターンのデザインの中に含めているということが分かります．焦点要素とこれに対するあいづちによる基盤化は話し手と聞き手の間の微細なタイミングの調整を通じて達成されているのです.

---

15) 発話単位末の生起を遅らせるという意味では，これらの焦点マーカーも第1章のA-3で紹介した「発話末要素」（Tanaka 1999）の概念を拡張したものと見なすこともできるかもしれません．ただし，ここでの要点は順番交替という発話単位末の時点での課題にではなく，感情表出系のあいづちのターゲットを明確にするという課題の方にあります.

B-5　あいづちの連鎖上の生起位置

　以上では，感情表出系のあいづち「あー」「へー」「ふーん」が進行中の話し手のターンの中のどのような位置で生じているかを見ましたが，今度はターゲット発話とあいづちがより広範な発話連鎖の中のどこに位置づけられるものであるかを分析しましょう．

　ポスター会話では，あいづちのターゲットとなる説明者の発話は発話連鎖の第1部分になる「伝達」（図3-4（a））と，聞き手による第1部分「質問」などへの第2部分としての「回答」（図3-4（b））とに大別できます．これに応じて，当該のあいづちの連鎖上位置も次のように分類できることになります[16]．このポスター会話では聞き手役の参与者が2人いますので（BとC），その間も区別しましょう．

2nd：ターゲット発話が「伝達」の場合のあいづち（a）

3rd：ターゲットが聞き手の質問に対する説明者の「回答」の場合のあいづち（b）

- 3rd_Q：このあいづちが質問者によるものの場合

- 3rd_NQ：このあいづちが質問者ではない参与者によるものの場合

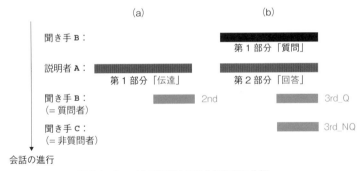

図3-4　あいづちの連鎖上での生起位置の分類

16）あいづちの生起する会話連鎖上の位置を分類するという発想は伝ら（Den et al. 2011）と共通しています．ただし，伝ら（Den et al. 2011）で重要だった「within」という分類については，ここでは連鎖上の位置としては区別せず，ターン内での位置の軸の上でより詳細に区別している，というように，分類の細部には相違点もあります．このように，分析を行う際には，既存の分類などを参照しつつも，研究目的に応じて，適宜細部を変更し，そのことを明記していくことが重要です．

表 3-5　ターン内／連鎖上位置での生起度数

あ ー	2nd	3rd_Q	3rd_NQ	その他	計
焦　点	6	8	2	1	17
末　尾	2	3	2	0	7
遅　延	0	0	1	3	4
不　明	0	0	0	0	0
計	8	11	5	4	28

へ ー	2nd	3rd_Q	3rd_NQ	その他	計
焦　点	4	2	4	0	10
末　尾	4	7	3	0	14
遅　延	0	1	0	0	1
不　明	0	0	0	4	4
計	8	10	7	4	29

ふ ー ん	2nd	3rd_Q	3rd_NQ	その他	計
焦　点	2	3	3	1	9
末　尾	9	2	3	2	16
遅　延	2	0	1	0	3
不　明	0	0	0	2	2
計	13	5	7	5	30

全　体	2nd	3rd_Q	3rd_NQ	その他	計
焦　点	12	13	9	2	36
末　尾	15	12	8	2	37
遅　延	2	1	2	3	8
不　明	0	0	0	6	6
計	29	26	19	13	87

　では，こうしたあいづちの連鎖上の位置と，前節で用いたあいづちのターン内での位置とを組み合わせて，再度あいづち形態ごとに集計してみましょう（表 3-5）．

　まず，連鎖上の位置だけをみると，全体では 2nd ＞ 3rd_Q ＞ 3rd_NQ の順ですが，形態毎に見ると，「あー」では 3rd_Q ＞ 3rd_NQ の差が特に大きく，「ふーん」では 2nd が多いといったことが分かります．次に，連鎖上の位置とター

ン内での位置を組み合わせてみると，「あー」では焦点× 3rd_Q が，「へー」で
は末尾× 3rd_Q が，「ふーん」では末尾× 2nd が，それぞれ最多になっていま
す．連鎖上の位置やあいづちを打つ聞き手の立場などによって，感情表出系の
あいづちが使い分けられているのかもしれません．

　第3位置でのあいづちは「質問」によって開始された会話連鎖において，「質
問」に対する十分な「回答」が得られたと聞き手が認識したことを示すもので
す[17]．その意味で，感情表出系のあいづちには，焦点要素に対する反応を示す
というターン内での基盤化と，質問応答のようなやり取りの全体に対する会話
連鎖のレベルでの基盤化という二つの側面が見られるといえるでしょう．

　しかし，この観点だけだと，ある聞き手の質問によって開始された連鎖にお
いて，第3位置で優先的にあいづちを示すのは当初質問した聞き手（3rd_Q）
だけでよいとも考えられそうですが，実際には質問者ではない方の聞き手も多
くあいづちを打っています（3rd_NQ）．では，こうした非質問者による 3rd で
のあいづちにはどのような役割が考えられるでしょうか？　この点についてさ
らに検討するためには，第5章で紹介する多人数会話に関する理論が必要にな
ります．

---

17)「連鎖終結のための第3部分 sequence closing third」と呼ばれている現象です（Schegloff
　　2007）．また，質問応答のような隣接ペアの直後の第3位置での発話の冒頭に，感情表出系に
　　相当する，状態変化トークン"Oh"が生起するパターンについての分析もあります（Heritage
　　1984）.

第 2 部

理論的拡張

　第 1 部では，順番交替（第 1 章）と隣接ペア（第 2 章）という会話の二つの基本的なメカニズムを紹介しました．これらはどのような会話にも見られる基本的なものです．つまり，二人だけでの会話や言語だけでの会話という最小限の環境でも見られます．

　しかし，対面での会話では，参与者は言語だけでなく，同時に視線やうなずき，ジェスチャーといったさまざまな非言語行動も多く用いています．また，会話参与者の人数が三人以上になることも多いです．そこで，第 2 部では，順番交替や隣接ペアを基礎とした上で，非言語行動をも分析対象に含めるための「マルチモダリティ」という考え方（第 4 章）と 3 人以上の参与者を含む「多人数会話」（第 5 章）という観点を順に導入することによって，第 1 部で扱った会話の基本構造を縦軸と横軸の両方向に拡張していきます．

第4章
マルチモダリティ：
発話と非言語行動の共起

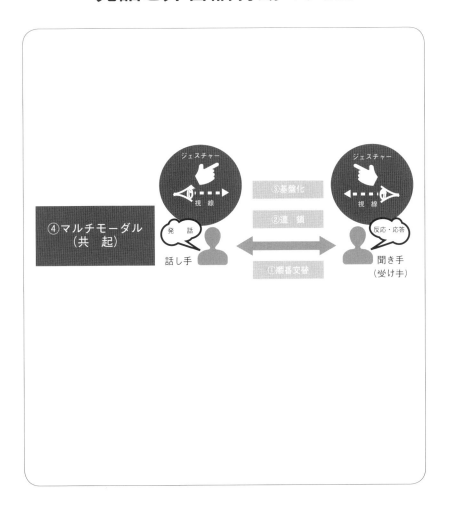

【A：理論編】

A-1　ノンバーバルコミュニケーションからマルチモーダルインタラクションへ[1]

　図4-1にありますように，第２章では，発話と発話の間の連鎖関係という水平方向の関係を扱いました．これに対して，本章では，各発話に視線やジェスチャーなどの非言語行動（モダリティ）が伴っているという垂直方向の統合的関係を扱います．このように，発話には縦横二軸の文脈が伴っています．

　特に対面で会話している時には，われわれは言葉だけでやりとりをしているのではなく，さまざまな非言語行動も用いています．こうしたノンバーバルコミュニケーションについては，社会心理学などでも盛んに研究されてきていますが（Richmond & McCroskey 1995, 工藤 1999, 大坊 2005），本書の特徴は，それぞれの種類の非言語行動をバラバラに切り離して分析するのではなく，言語的な発話と時間的に共起し，言語的な発話と補完し合うことによって統合的な役割を果たすものだと考える点にあります[2]．近年のジェスチャー研究の分

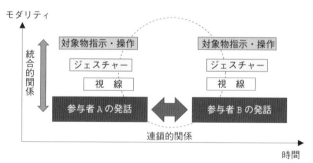

図4-1　インタラクションにおける連鎖的関係と統合的関係

---

1) 本書では，「インタラクション（相互行為）」という用語を「コミュニケーション」とほぼ同じような意味で使うことが多いですが，その場合にも，「コミュニケーション」の方が言語を中心とした意図的なもの，「インタラクション」の方が非言語行動をも含み，より意識しにくいやりとりをも含めたより広範なものという違いがあります．詳しくは第７章の理論編や高梨（2009；2010）などを参照してください．
2) 社会心理学を中心としたノンバーバルコミュニケーションの研究と本書におけるマルチモーダルインタラクションという考え方との学説史的な比較については坊農・高梨（2009）の第４章にまとめられています．

野では，こうしたことを「発話に共起するジェスチャー speech accompanying gesture」（McNeill 1992）と呼んだり，また，言語とジェスチャーからなる統合的まとまり全体のことを「発話 utterance」（Kendon 2004）と呼んだりすることもあります．後者の概念は理論的には非常に重要な考え方ですが，用語が混乱しそうなため，本書では「発話」は言語的なものだけに限定した上で，これがジェスチャーなどの非言語行動と「統合」されることが重要だと考えることにします[3]．

　さらに，各非言語行動は，単にその参与者の言語的な発話との間に統合的関係を持っているだけでなく，例えば話し手の視線と聞き手の視線というように，非言語行動同士の間での連鎖関係が見られる場合もあります．したがって，言語行動，非言語行動とも，着目している行動が統合と連鎖のそれぞれの軸の上でどのような関係を持っているかを突き止めることがマルチモーダル分析の核心になります．

A-2　会話における話し手と聞き手の視線

　第 3 章では，基盤化には隣接ペアのような発話同士の間の関係だけでなく，話し手の発話に対する聞き手のあいづちのように，発話間関係よりも細かい単位での基盤化もあることを述べました．こうしたさまざまなレベルでの基盤化の中で最も基底にあるレベルの現象は「継続的注意」です（第 3 章 A-1）．これは話し手が発話している最中に，聞き手が視線を話し手に向けることなどによって，聞いているという「受理」の証拠を示すことです．会話中の視線の分析をしたケンドンは，話し手は発話の継続中には聞き手と視線を合わせることを避けているが，順番交替時には聞き手に視線を向けるということ，そして聞き手は話し手の発話の進行中に話し手に視線を向け続けていることが多いことを見い出し，この観察に基づき，話し手に視線を向け続けている聞き手に対して

---

3) ただし，近年のジェスチャー研究では，言語的な発話とジェスチャーとの間の統合的関係は重視されているものの，逆に聞き手との間に形成される連鎖的関係についてはそれほど重視されていないという傾向もあると考えられます．図 4-1 からも，参与者 A の言語・非言語行動の間の統合的関係を分析するのに，右側の参与者 B の行動はなくても可能そうにも見えますよね．しかし，第 2 章で扱った連鎖関係や第 3 章の基盤化の考え方を参照する場合，そのように考えることは妥当でしょうか？

話し手が視線を向けるということが順番交替の合図になっているのではないか
と考えました（Kendon 1967）.

　第2章の隣接ペアの説明の中でも述べましたように，ここまでならば，話し
手と聞き手の視線行動にこうした「規則性」があるというだけのことなのです
が，グッドウィンは，次のような観察を行うことによって，これは単なる規則
性ではなく，「聞き手は話し手に視線を向けられたとき，話し手を見ていなけ
ればならない」という規則があるのだと主張しました（Goodwin 1981）. まず，
話し手の発話だけを見てみましょう.

　「I gave, I gave」という同じ表現の繰り返しがありますが，話し手の発話だ
けを見てしまうと，これは話し手のいわば「自己都合」による言い淀みのよう
にも見えます. しかし，グッドウィンの分析が秀逸だったのは，ここで，この
発話の聞き手の視線行動を観察したことです.

J：I gave, I gave up smoking cigarettes,
　　　DがJを見る

　聞き手の視線を見ると，Jの発話の冒頭の1回目の「I gave」の時には話し
手に視線を向けていなかった聞き手Dが，この1回目の「I gave」の直後から
Jに視線を向け始めていることが分かります（下線）. グッドウィンの観察によ
れば，話し始めた際に聞き手が話し手を見ていなかったならば，話し手は間を
あけたり，言葉を途切れさせるなどの方法によって，聞き手の視線を獲得しよ
うとするのです. このことを1回目の「I gave」の直後の時点のJの視点から

見るならば[4]，この時点で聞き手Dがこちらに視線を向けていないことに気づいたからこそ，一旦発話を中断し，この中断によってDの視線が得られたからこそ，発話をもう一度「I gave」から再開したという状況が想像できると思います．

　このように，単なる規則性ではなく，「聞き手は話し手に視線を向けられたとき，話し手を見ていなければならない」という社会的な「規則」があるということを確かめるためには，「話し手に視線を向けられたときに，聞き手が話し手を見ていることが多い」という「1段階目の証拠」を挙げるだけでなく，「話し手に視線を向けられたときに，聞き手が話し手を見ていなかったならば何が起こるか」という「2段階目の証拠」を観察する必要があります．規則的に予測された出来事とは異なる（反対の）事態が生じたときに，参与者たちがこの「逸脱」に気づき，これに対処しようとすることを観察することができれば，そこには「規則」があるといえるという点は，隣接ペアの箇所で紹介した条件的関連性と同じ手順ですね[5]．

　以上で見てきたように，継続的注意のレベルでの基盤化では，話し手と聞き手の間での視線という非言語行動同士の連鎖関係が重要になります．分析編ではこの点を踏まえた，より詳細な分析を紹介します．

A-3　発話に共起する非言語行動の記述

　上述しましたように，本書では，会話内で見られる非言語行動について分析する際に，こうした非言語行動が言語的な発話と時間的に共起し，言語的な発話と補完し合うことによって統合的な役割を果たすという点を重視しています．そのため，分析においては，データの中で観察された言語・非言語行動のタイ

---

4) 発話間の連鎖関係は縦に進み，各発話は横に進むように表すことが多いため，これに応じて，第2章の例とは矢印の向きが90度回転しています．

5) 同様に，順番交替（第1章）についても，「一時に一人が話す」という規則があるということは，「一時に一人が話す」ことが多いという1段階目の証拠だけでなく，「二人以上が同時に発話する」という「重複」が生じたときに参与者たちがどうするかという2段階目の証拠を観察することによって確かめられます．実際，「二人以上が同時に発話する」という事態が生じてしまった場合，これらの同時発話者の一方もしくは両方が速やかに話しやめることによって，重複は速やかに解消されることがほとんどです（Schegloff 2000）．これはわれわれの誰もが日常的に経験していることですね．

ミングをなるべく正確に記述していくことが出発点となります.

　こうした発話と共起する非言語行動の記述の例を見てみましょう（図4-2）[6].
この事例は直前で見た視線獲得という現象の一例ですが，視線だけでなく，話
し手と聞き手によるその他の非言語行動との関わりにも特徴があります．なお,
この章の冒頭の図4-1と同様，横軸が時間的な出来事の進行の軸，縦方向が複
数の言語・非言語行動の共起関係の軸です.

　ここに含まれている言語的発話は行②の坂崎の「これは：，(2.0) これとこれ
があれば移動できるんだっけ？」という1発話のみです．しかし，この発話に
は，話し手の坂崎によるものだけでも，ポインティング（指さし）（行①）と視
線（行③）という非言語行動が共起しています．さらに，ポインティングは四
つの別々の動きを含んでいるように見えますので，そのそれぞれについて，発
話のどの部分とタイミング的に共起しているかを記述しています．同様に，視
線についても，発話のどの部分においてどこを見ているかを矢印の下に記述し
ています．これを見ると，坂崎の視線は「これがあれば」と「移動できるんだ
っけ？」の間の時点で視線計測装置から聞き手夏木の方に向けなおされている
ことが分かります.

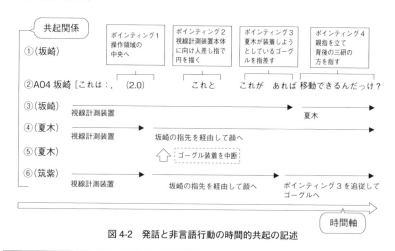

図4-2　発話と非言語行動の時間的共起の記述

---

6) この図は第7章の分析編で取り上げる高梨（2011b）からの一事例です．背景となるデータ収
録状況などについての理解はここでは特に必要ないと思いますが，気になる点がある場合には，
第7章をご参照ください.

　次に，話し手だけでなく，聞き手の行動も記述してみましょう（行④〜⑥）．
聞き手は夏木と筑紫の2人ですが，坂崎のこの発話の間に2人は言語的な発話
をしていませんので，発話に関する行はありません．視線についてみると，「こ
れは」の時点ではまだ共同作業をしていた夏木と筑紫はともに視線計測装置を
見ており（行④，⑥），両者の間に共同注意が達成されていることが分かります．
しかし，おそらく坂崎の「これは」と共起する最初のポインティング1をきっ
かけとして（つまり，連鎖的な応答として），2人の視線はまずはこのポインテ
ィングへ，ついで坂崎の顔へと変化していきます．この瞬間の参与者の様子を
ビデオからイラスト化してみましょう（図4-3）．

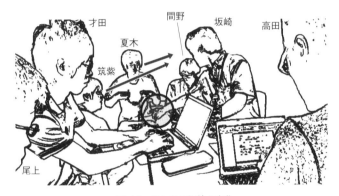

図4-3　参与者の視線の変化

　しかし，その後の2人の視線の先は分かれています．夏木は坂崎の顔に視線
を向けたままなのに対して，筑紫は夏木が持っているゴーグルに視線を向け替
えています．そのため，坂崎が視線を視線計測装置から外した際に（行③），2
人の聞き手のうち坂崎に視線を向けているのは夏木だけということになります．
ここで坂崎が視線を夏木に向けたので，今度は両者の間に相互注視が成立しま
す．順番交替システム（第1章）の観点からいえば，この時点で夏木が次話者
として選択されたといえそうです．そして，案の定，坂崎のこの質問に対して
隣接ペアの第二部分となる「回答」を行ったのは夏木でした．

　最後に，行⑤についてみましょう．この行からは，夏木が視線方向だけを変

化させたのではなく，この視線変化と同時に今まで行っていた作業を中断した
ことが分かります．このように，非言語行動については，単に言語的な発話と
の共起タイミングだけでなく，他の非言語行動との間のタイミング関係も重要
になってきます．これらの 2 種類の非言語行動の共起からは，夏木がここでこ
れまでの作業をまさに「中断」したということが分かるわけですが，この中断
の意味について気になる方は，第 7 章の分析編を参照してください．

　このように，対面状況での会話においては，言語的な発話だけでなく，これ
に非言語行動が共起することによって円滑で効果的なコミュニケーションが可
能になっています．これが本章で取り上げた「マルチモーダル」という観点の
意義です．同時に，こうしたマルチモーダルコミュニケーションが可能になる
のは，参与者が互いに相手の非言語行動を視覚的に確認できるという「可視性」
（第 3 章 A-3）という特徴によるものだということも分かります．

　なお，非言語行動としてどのような種類のものを，どのような正確さで，ど
のような方法で記述するかという点については，客観的な正解はありません．
ですので，対象としている現象が相互行為の参与者にとってどのような重要性
を持っており，分析者がどのようなことがらを解明しようとしているのかとい
う点に応じて，そのつど判断していく必要があります．こうした点についてさ
らに詳しく知りたい方は細馬（2009）やヒースら（Heath et al. 2010），ストリ
ークら（Streeck et al. 2011）などを参照してください[7]．

7）ビデオデータに対して，言語・非言語行動の正確なタイミングを記述していくためのフリーソ
　　フトとしてはELAN〈https://tla.mpi.nl/tools/tla-tools/elan/〉が有名です．菊地（2015）や細
　　馬・菊地（2019）には使用法についての解説があります．

【B：分析編】

B-1　ポスター会話の特徴

　ここでの分析では，説明者 A が 2 名の聴衆 B，C に，自分の研究に関するポスターの内容を説明し，議論する「ポスター発表」の場面での会話（以下「ポスター会話」）を取り上げます．ただし，この会話は学会などの実社会で収録されたものではなく，分析を目的として実験的に行われたものです[8]．

　第 1 章でも述べたように，ポスター会話は講演のような独話とは異なるものの，発表者によるプレゼンテーションが中心となりますので，聴衆がターンを取得する回数は少なくなります．しかし，基盤化（第 3 章）の観点からいえば，各聴衆はターンを取得して応答することが少ない以上，これに代わって，あいづちやうなずき，視線などの非言語行動によって，発表者の発話の最中にさまざまな受理の証拠を示さなければならなくなるはずです．これらの聞き手行動のうち，あいづちは音声によるものですが，うなずきと視線は非言語行動です．

　また，日常会話と大きく異なる点として，ポスターという情報媒体を参照しながら会話をすることが不可欠であるため，参与者間の相互注視 mutual gaze（＝アイコンタクト）だけでなく，ポスターという視覚対象への共同注意 joint attention（＝三項関係）（第 2 章 B-5）も重要になるという点にも留意する必要

図 4-4　ポスター会話

---

8) 第 1 章理論編の例 1-2 や第 3 章分析編でのあいづちの分析もこのコーパスによるものです．詳しくは河原ら（Kawahara et al. 2008）を参照してください．

があります．これには視線だけでなく，ポインティング（指差し）のような非言語行動も用いられます．

このように，ポスター会話の場面では，さまざまな非言語行動がより重要になると考えられますので，本章の焦点であるマルチモーダルインタラクションの分析に適した素材であるといえます．

B-2　話し手の言語的単位を中心とした分析 [9]

まず，発表者の発話と視線との間の統合的関係について見てみましょう．先ほど述べましたように，一般に話し手は可能なターン完了点 TRP（第1章 A-2）で聞き手に視線を向けることが多いとされていますが（理論編 A-2），ポスター会話でも話し手は TRP で聞き手を見ているでしょうか？　なお，ここでは TRP の認定を簡略化するため，節単位（CU）（第1章）を用いています．表 4-1 では，発表者の発話の各 CU について，一番最後の文節（1）から最後から5番目の文節（5）までのそれぞれの末尾の位置で発表者が聴衆（Hearer）を見ていたかポスター（Poster）を見ていたかを特定し，その回数を示しています．

すると，話し手は節単位末の少し前で聞き手に一度視線を向けていますが（Hearer > Poster），節単位の本当の末尾の箇所では再び聞き手から視線を逸らしていることも多いという興味深い傾向が分かりました．これは，ポスター会話では順番交替が起こることが少ないため，発話の区切りとなる CU 末の位置で聞き手を見ている必要はないが，かといって，基盤化（第3章）のためには，発表者は聞き手の継続的注意や理解・興味の度合いをモニターする必要が

表 4-1　節単位末付近の文節での話し手の視線方向

節単位の最後から →　何番目かの文節か	CU 末から	1	2	3	4	5
	Hearer	29	32	34	31	22
	Poster	30	23	19	19	24
	計	59	55	53	50	46

■ 必ずしも聞き手を見ていない　■ 聞き手>ポスター

---

9) 本項を執筆するに際しては高梨ら（2007）を参照しました．ただし，この分析で分析対象としたのは2対話のみですので，以下で紹介する傾向は参与者の個人性によるものであるという可能性も考えられることに注意してください．

あるため，CU 末よりも少し前の位置で，一度聴衆に視線を向けているのではないかと考えることができそうです．

　しかし，別の解釈もありうるかもしれません．ポスターは聴衆に見せるためのものであるだけでなく，発表者自身が説明内容を決めていく際にも参照されるものであると考えられるからです．この観点からは，各発話単位の初めのうちは（5 以前の部分では）発表者もポスターを見ながら発話を構築しているが，各発話単位の後半になるにつれて（4 〜 2 のあたりでは）ポスターを参照する必要性が徐々に低くなるため，聴衆に視線を向ける余裕が生まれる，しかし，発話単位の本当の末尾では（1），次の発話内容を準備し始めなければならないため，再びポスターに視線を戻さざるを得なくなる，という推測も可能です．

　これらの可能性についてさらに検討するには，聞き手である聴衆の反応をセットにしてみる必要がありそうです．言い換えれば，発表者の中での言語と視線の統合的関係だけでなく，これに対する聴衆の反応との間の連鎖関係も視野に入れようということです（理論編の図 4-1 を再度参照してください）．

　そこで，今度は発表者の発話と視線に加え，2 人の聴衆のあいづちとうなずきという聞き手反応を分析に加えてみましょう．表 4-2 は以下の方法で集計したものです．

1. 発表者の発話単位（節単位）の末尾だけでなく，発表者の発話を文節ごとに分割する．
2. 各文節の末尾で発表者が視線を聴衆とポスターのどちらに向けているかを特定し，その結果を文節の種類ごとに集計する．
3. 2 と同じ位置で，2 人の聴衆があいづちとうなずきという 2 種類の聞き手反応を示しているかを特定する（2 人 × 2 種類なので最大値は 4）．
4. 3 の値が大きい種類の文節から順に行を並べ替える．

　これによって，発表者の発話内のどのような文法的な位置で，発表者の視線が聞き手に向きやすかったり，聞き手反応が生じやすかったりするかが特定できるようになります．

表 4-2　発表者発話の文節種ごとの非言語行動

節境界 (CSJ)	文節種ごとの度数		各文節末尾での話し手の視線方向				聞き手反応数 (2種×2人) と頻度			
	全体	%	聞き手	%	ポスター	%	聞き手反応数	%	頻度	
強境界	18	2.7	9	2.5	9	3.0	39	14.3	2.17	高
絶対境界	31	4.7	14	3.9	17	5.7	46	16.8	1.48	
弱境界	60	9.1	36	10.1	24	8.0	60	22.0	1	
連体修飾	66	10.0	42	11.8	24	8.0	36	13.2	0.55	
主題	30	4.5	21	5.9	9	3.0	15	5.5	0.5	
格要素	161	24.3	103	28.9	57	19.1	48	17.6	0.3	
副詞	49	7.4	30	8.4	19	6.4	10	3.7	0.2	
接続詞	33	5.0	6	1.7	27	9.0	6	2.2	0.18	
その他	214	32.3	95	26.7	113	37.8	13	4.8	0.06	低
計	662		356		299		273			

（左側に「文節種」の縦表記）

■ ①　□ ②　▨ ③　▨ ④　⬚ ⑤

この表から読み取れる特徴的な点は次のような点です.

①&②：さまざまな文節の種類の中で，聞き手反応が生じやすいのは節末（絶対境界，強境界，弱境界）である.

③：しかし，これらの節境界のうち，強境界や絶対境界では，発表者は聴衆ではなくポスターを見ていることも多い（これは前の表 4-1 で示した傾向と一致します）.

④&⑤：発表者が聴衆を見ている割合が多く，かつ聞き手反応も多い文節種は弱境界，連体修飾，主題である.

　①&②と③については，これらの位置では発話単位の境界であることが明確なため，聴衆は発表者から視線を向けられなくても反応を示すべきことが分かるのではないかと考えられます. 逆に，④&⑤については，聴衆は言語的発話の持つ文法的特徴と発表者からの視線配布という非言語行動とが統合された働

表 4-3　焦点マーカーとしての「ような」と聞き手反応

	話し手の視線方向	該当数	聞き手反応数	平均
ような	Hearer	14	18	1.29
	Poster	7	7	1.00
その他の連体修飾	Hearer	28	8	0.29
	Poster	17	3	0.18

きかけに対して，聞き手反応を示しているのではないかと考えられます．このように，聞き手反応を引き出すための話し手側の行為として，言語的発話と視線のような非言語行動の間には，両者の統合による相乗効果がある場合と，逆に一方の行動のみで十分であり，もう一方の行動が生起しても冗長にしかならない場合の両方がある，という可能性も考えられます．

　なお，④＆⑤の文節のうち，「主題」は当該の発話単位の話題 topic として重要な情報であり，発表者と聴衆の間でその指示 reference を確立する必要があるため（Lambrecht 1994），細かい単位での基盤化が必要になることが予想されます．一方，「連体修飾」というのは少し分かりにくいかもしれませんが，該当箇所を一つ一つ確認していくと，その中には「ような」という興味深い文節があることが分かりました．表 4-3 では，連体修飾の文節を「ような」で終わるものとそれ以外のものに分けて，そこでの発表者の視線方向と聞き手反応の数を求めています．

　連体修飾文節のうちの約 1/3 が末尾に「ような」を持つものであり，こうした文節の末尾では聞き手反応の頻度が高いことが分かります．また，その中でも，発表者が聴衆へ視線配布しているときには特に聞き手反応の頻度が高くなっています．表 4-4 に聞き手反応数が多かった例を挙げてみましょう（／／は節単位境界，bc はあいづち，nod はうなずき，「1」は当該の聞き手反応があったことを示します）．

　「いけないというような」とその直後の「ことは」の箇所で聴衆 2 人 × 2 種類の聞き手反応がすべて生起しており，同時に，この箇所では発表者は聴衆に視線を向けていることも分かります．これに対して，その直後に生起する節単位末文節「思うんですけど」の箇所では，発表者は既にポスターを見ており，聞

表4-4　「ような」を含む節単位末付近の例

文　節	文節種	A 視線	B bc	B nod	C bc	C nod
国会ですと	弱境界	P				
何日以内に	格要素	B				
作らないと	弱境界	B				
いけないという<u>ような</u>	ヨウナ	C	1		1	1
ことは	主題	C		1		
決まってると	弱境界	P				
思うんですけど／／	強境界	P			1	

き手反応も一つしか生起していません．このように，「連体修飾節＋ヨウナ＋
名詞」という構造は連体修飾節の中に焦点要素が含まれている場合に用いられ
やすいのではないかと考えられます．

　さらに，この例では，「節単位末ではなくその直前の文節の方が聞き手への
視線配布が多い」という，本節の前半で見た特徴も観察されます．ここで特徴
的なのは，「連体節＋抽象名詞文節」という形式と「引用節＋思考動詞文節」と
いう形式が連続して用いられている点でしょう．第3章のB-4で述べたように，
これらの形式は共にターンの移行空間を拡張するために規則的に用いられるも
のです．つまり，これによって，発表者は連体節までの部分の中に焦点要素を
提示して聞き手反応を引き出した上で，そこから節単位末までの区間を利用し
てポスターの内容を確認しつつ次の発話内容をプランする，という二つの課題
を同時に達成することが可能になっているのではないかと考えられないでしょ
うか．

B-3　話し手発話抜きの分析 [10)]

　この分析編の最初に述べたように，ポスター会話では，発表者も聴衆も会
話相手だけでなく，ポスターという情報媒体へも視線を向ける必要があります．
ポスターのような対象物のない会話では，参与者は互いに対面するよう，円陣
のような「F陣形」（Kendon 1990）と呼ばれる身体位置・方向を取ることが多

---

10)　本項を執筆するに際しては高梨・坊農（2008）を参照しました．

いですが，ポスターのような参照物がある場合には，この対象物が陣形の中に加わった「道具的 F 陣形」（McNeill 2006）が見られるようになります（坊農2009）．こうした参与者の身体配置は話し手の発話単位ごとに変更されるものというより，複数の発話単位や複数回の順番交替を通じて安定している，会話コミュニケーションの基盤となる状態であるといえるでしょう．

同様のことを視線についても考えてみることができます．つまり，これまでの分析では，参与者の視線は話し手の発話の境界などに応じてこまめに変化するものだと見なされていたのに対して，ここでは，他の言語・非言語行動は視線状態とその遷移という基盤の上で起こる出来事だと考えられないか，ということです．

そこで，まず，すべての会話時間を参与者の視線方向の組み合わせから次の4種類の「視線状態」に分類します（表4-5）．大文字の I と P は発表者が対話相手（I）である聴衆を見ているかポスター（P）を見ているかを表しており，小文字の i と p は聴衆が対話相手（i）である発表者を見ているかポスター（p）を見ているかを表しています．カッコ内の数字は会話の全持続長に占める各視線状態の割合です．

このように，聴衆は多くの区間においてポスターを見ていることから，ポスターのような対象物のない対面会話で多く観察されるはずの「聞き手が話し手を見ているが話し手は聞き手を見ていない」という，本章の理論編で見た基本状態（Pi に相当）は極めて生起しにくく，発表者と聴衆の間での相互注視（Ii）の割合も低くなる，というのがポスター会話の特徴です．

表4-5　ポスター会話での発表者と聴衆の視線状態

		説明者	
		相手 I	ポスター P
聴衆　→	相手 i	Ii：相互注視（23%）	Pi（5%）
	ポスター p	Ip（33%）	Pp：共同注意（33%）

Ii：さほど長くない
Pi：聴衆が説明者を一方的にモニター．対面会話での話し手発話継続中のデフォルト状態に近いが，少ない
Ip. Pp：聴衆はポスターを見ている時間が長い

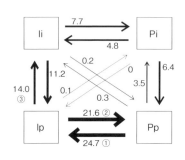

図 4-5　視線状態間の遷移（数字は％）

次に，これらの四つの視線状態の間で，どの状態からどの状態への移行がどの程度の割合で観察されるかを見てみましょう（図 4-5）．矢印は視線状態の遷移，矢印に付された数字は当該の遷移が全体に占める割合（％）で，矢印の太さでも直感的に表現しています．なお，対角線の推移は発表者と聴衆が同時に視線方向を変えた場合ですので，かなり低い値になります．

これらの遷移のうち，多く観察された上位三つは次のものです．

① Pp → Ip：共同注意状態で，発表者が聴衆に視線を向け変える．

② Ip → Pp：発表者が聴衆からポスターへ視線を向け変え，共同注意になる．

③ Ip → Ii：発表者が聴衆を見ているときに聴衆がポスターから発表者へ視線を向け変え，相互注視になる．

　これらの主要な視線の状態遷移のうち，①と②では，聴衆はポスターを見続けているため，遷移は発表者側の視線の変化によるものです．つまり，発表者は聴衆の状態をこまめにモニターしているということです．これに対して，③は普段はポスターを見続けている聴衆の側の視線が変化することによって起こるものですから，これは発表者から聴衆への何らかの働きかけによって引き起こされているのかもしれません．そこで，マルチモダリティの分析の最後に，発表者によるポインティング（指差し）（以下 PTG）という非言語行動を分析に追加してみましょう．

　次の図 4-6 は発表者の PTG がどのような視線状態の時に開始，終了しているかを表したものです．対象とした二つのセッションにおいて，発表者の PTG はそれぞれ 137 回，69 回観察されました．なお，分析を簡略化するため，ここでは二人の聴衆 B と C のうちの B だけを対象に，発表者との間の視線状態の認定を行いました．t−1 と t+1 はそれぞれ PTG の開始時と終了時の視線

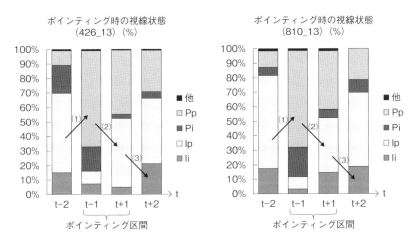

図 4-6　視線状態とポインティングとの関係

状態，t-2 は t-1 のひとつ前の，t+2 は t+1 のひとつ後の視線状態です．

このグラフのうち，割合が多い，特徴的な状態変化は次のところです．

(1) t-2=lp → t-1=Pp（＝図 4-5 の視線状態遷移の②）：PTG の開始によってポスターへの共同注意へ

(2) t-1=Pp → t+1=lp（＝図 4-5 の視線状態遷移の①）：PTG の最中に発表者はポスターから聴衆に視線を戻す

(3) t+1=lp → t+2=li（＝図 4-5 の視線状態遷移の③）：PTG の終了によって相互注視へ

　興味深いのは，ここでのポインティングの前後の主要な視線遷移の中には，上位三つの視線遷移がすべて含まれていることから（図 4-5 参照），ポインティングは会話参与者の間の視線状態の変化に重要な関連を持っているのではないかと推測されるという点です．しかし，一般的に，ポインティングは，それによって聞き手の視線方向を指差された対象や方向に向け変えるためのものであると考えられるのに対して（理論編の図 4-2 の事例のように），ここでは聴衆はポインティングの開始前から既にポスターを見ており，ポインティングによってはじめてポスターに視線を向けたわけではない，と考えられます．

　では，こうした場合のポインティングは何をしているのでしょうか？　一つ
の可能性としては，これらのポインティングは聴衆の視線を単にポスターの方
向に向けるものなのではなく，聴衆が見ているポスターの中の特定の位置を焦
点化するためのものなのではないかということが考えられそうです．では，こ
の点を調べるには，次にどのような分析を行えばよいと考えられるでしょう
か？　ヒントはここでの分析ではまだ非言語行動しか見ていないという点です．

　以上のように，言語使用が中心的な役割を担っていると思われがちな会話コ
ミュニケーションについても，マルチモーダル分析の観点からは，言語的発話
の分析をあえて後回しにすることによって，従来は気づかれていなかった新た
な発見が得られる可能性もあると考えられます．時にはビデオデータの音声を
オフにして，あえて非言語行動だけを観察してみることもお勧めします．

第5章
多人数会話と参与構造

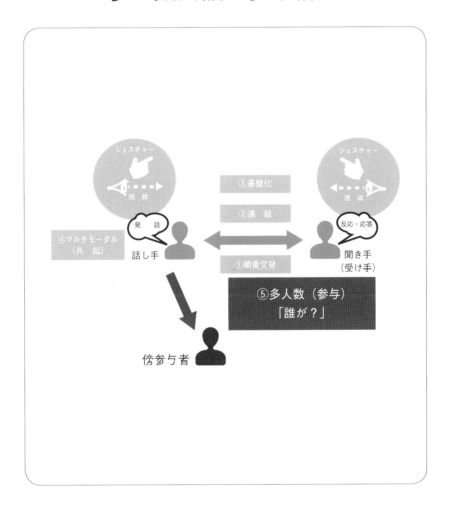

【A：理論編】

A-1　多人数会話とターン割り当て

　3 人以上の参与者による会話を「多人数会話」と呼びます（坊農・高梨 2009）.
3 人で多人数というのは少しおかしい気がするかもしれませんが，2 人での会
話では常に聞き手は 1 人だけのため，現在の話し手が話しやめると聞き手は必
ず話し手になることができるのに対して，3 人以上の会話では聞き手が常に 2
人以上いることになるため，順番交替の際に現在の話し手の次に誰が話者にな
るかという問題が生じます. 聞き手は待っていればいつかは必ず話し手になれ
るというわけではなくなるということです. 第 1 章で導入した順番交替シス
テム（Sacks et al. 1974）の観点からいえば，2 人の会話では役割を演じること
のなかった「ターン割り当て部」が 3 人以上の会話では重要になるといえます.
こうした理論的な理由から，3 人以上の参与者による会話を「多人数会話」と
呼ぶことにしました.

　さて，順番交替システム（第 1 章 A-2）の「ターン割り当て部」には「現行
話者による次話者選択」と「次話者による自己選択」という二つの選択肢があ
ることが書かれており，順番交替規則の中では，これらの選択肢の間の優先順
位が「規則」として次のようにまとめられていました. 1a が「現行話者による
次話者選択」（他選），1b が「次話者による自己選択」（自選）です.

(1) 最初のターン構成単位 TCU における最初の移行適格箇所 TRP において，
　(a) 他者選択（他選）：現行の話者が次の話者を選ぶためのテクニックが使用され
　　　ているならば，選択された者が次のターンを取る権利と義務を負う. 他の者は
　　　こうした権利や義務を持たず，移行はここで行われる.
　(b) 自己選択（自選）：他選のためのテクニック（a）が使用されていないならば，
　　　次の話者についての自己選択が可能になる. 最初に話し始めた者がターンに
　　　ついての権利を得て，移行はここで行われる.
　(c) 継続：他選（a）も自選（b）も行われていないならば，現行話者が話し続ける
　　　ことが可能であるが，義務的ではない.

(2) 最初の TRP においてルール 1a や 1b が作動せず，1c に従って現行話者が話し続けるならば，以降の TRP において，移行が行われるまで 1a 〜 1c が循環的に再適用される．

　さらに，他選のための主要なテクニックとしては「隣接ペアの第一部分＋アドレス装置」というものが挙げられています．第 2 章で紹介したように，隣接ペアの第一部分となる「質問」や「依頼」，「非難」などの発話は直後に応答として，それぞれ「返答」や「承諾／拒否」，「否認／是認」などの第二部分を生起させますが，多人数会話で複数いる聞き手のうちの誰がこれらの第二部分を応答すべきなのかは分かりません（この点は第 6 章の焦点となります）．そこで，これらの第一部分の発話を複数の聞き手のうちの誰に宛てているのかを示すための「アドレス」手段が伴うことが重要になります．後で紹介するように，こうしたアドレス装置には言語的なものも視線のような非言語的なものもあります．

A-2　聞き手の参与役割

　アドレス（宛先）という観点からは，順番交替が実際に起こる以前の段階で，そもそも複数の聞き手の間には発話をアドレスされた者 addressee（単に「受け手」と呼ぶこともあります）とアドレスされていない傍参与者 side-participant という区別が見られます．ゴフマンはこうした聞き手の間の立場の相違を「参与役割（参与地位）participation status」と呼び，次のように区別しました（Goffman 1981）（図 5-1）．なお，一般的に，アドレスされた者が現行の話者の次の話者になることが多いですが，アドレスされた者と次話者とは理論上は別の概念です[1]．なお，「参与を承認されていない者」については，第 7 章で論じますので，それまでは無視しておいていただいてかまいません．

---

[1] そのことは，「質問」に対する第二部分である「回答」は普通は質問者を「受け手」としていなければおかしいですが，かといって質問者を「次話者」として選択しているとは限らない（回答の直後に質問者が必ず何か言わなければならないわけではない），という点にも現れています．ただ，この点に関連する少し悩ましい問題が後のA-4で紹介されます．

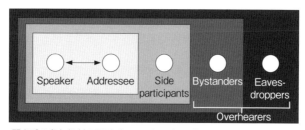

図 5-1　聞き手の参与役割の区別（Clark（1996）に基づき，坊農ら（2004）が作図）

- 会話への参与を承認された ratified 者：
- ―アドレスされた者（受け手）addressee
- ―傍参与者 side-participant
- 参与を承認されていない者 = 立ち聞き者 overhearer
- ―傍観者 bystander
- ―盗み聞き者 eavesdropper

A-3　視線によるアドレス

　多人数会話の研究では，アドレスや次話者選択のための手段としての視線の分析が多く行われてきました．第 3 章で紹介したように，二者会話においても，視線はこれをいつ相手に向けるかによって順番交替のタイミングに関わる重要な手がかりとなっていましたが（Kendon 1967），多人数会話ではこれに加えて，視線を「誰に」向けるかによって，発話を特定の聞き手にアドレスしたり，そのことを通じて次話者を選択したりすることが可能になります（Lerner 2003）．榎本・伝（2003；2006）は，三者の対面会話における現行話者，次話者，非次話者（= 当該の順番交替時に現行話者でも次話者でもない者）の視線方向を詳細に分析し，順番交替時に現行話者との間でアイコンタクトが生じやすいのは非次話者よりも次話者であることや，非次話者も次話者になる参与者に視線を向けることを発見しました[2]．

　しかし，こうした参与者の振る舞いを外から観察している分析者にとっては

2）さらに，榎本・伝（2011）では，隣接ペアの第一部分が用いられていない時に，現行話者の視線と誰が次話者になるかが関係しているかや，現行話者から視線を向けられていなかった聞き手が自己選択によって次話者になるケースも分析されています．

ジレンマもあります．視線によって誰が次話者になりそうかが分かったとして
も，この次話者になる人物がなぜ適切な次話者だと判断されたのかが分かるわ
けでは必ずしもないためです．会話において，現在の話し手は自分の次の発話
者として誰が適当であるかという点について，自身の発話内容や次話者が応答
できるであろう内容に基づいておそらくはかなり的確に判断しており，次話者
となる聞き手もまた，自身がどのような意味で適当な次話者であるのかを理解
した上で次話者になるのだと考えるのが自然でしょう．しかし，視線はこう
した参与者たちの的確な判断の過程ではなく，その判断の結果のみを表すものな
のです．

　そこで，本章の分析編では，次話者の決定に関わる言語的な要因についても
考えてみることにしましょう．

A-4　二者間バイアス

　多人数会話では，当然のことながら，当該のターンや連鎖の終結時に常に複
数の聞き手が存在しているはずですが，現実の多人数会話では，「現在の話者の
直前の話者が次の話者になりやすい」（A → B → A）という二者間バイアスが
観察されることが多いことが指摘されています（Sacks et al. 1974）．この状態
が続く限り，傍参与者はいつまでもその役割にとどまらざるをえないことにな
ってしまいます．

　この点について，質問–応答という隣接ペアを例に考えてみましょう．まず，
質問者 A は応答者として B を次話者選択するとします．この点は順番交替規
則における「現行話者による次話者選択（1a）」として明記されていることです．
そこで，今後は B がこの質問に対する第二部分である回答を行うことになりま
すが，この回答は「直前の話者」である質問者 A を「受け手」とする必要はあ
るものの，この回答が無事に済めば質問–応答の隣接ペア自体は完結すること
になりますので，必ずしも常に A を「次話者」として選択しているわけではあ
りません．したがって，二者間バイアスによって生じる「現在の話者の直前の
話者が次の話者になりやすい」（A → B → A）という状況での B → A の交替は
順番交替規則の「1a：現行話者による次話者選択」によるものではなく，「1b：
次話者による自己選択」によるものであると考えなければならないことになり

ます．だとするならば，ここで A ではなく傍参与者だった C が自己選択によってターンを取得することも A と同様に可能なはずですが，現実には，この位置で次話者になりやすいのは C ではなく A の方である，というのが二者間バイアスです．

二者間バイアスについては，これがどのようにして生じるのかに関するメカニズムは十分に解明されているとはいえません．この点について，サックスらは，「現在の話者の直前の話者」である A には現行話者から自分への回答に対する理解や不十分さなどに関する表明を優先的に行う権利があるからだと指摘していますが（Sacks et al. 1974）[3]，体系的な分析はまだ不十分です．

そこで，ここでは，理論的な説明にはあまりこだわらずに，傍参与者が話し手または発話の直接の受け手になることによって，二者間バイアスからの脱出が実際に起こっている事例を見ておきましょう．

まず，第 2 章の分析編で取り上げた評価連鎖を含む例です（例 5-1）[4]．

1C までのコンビニでのアルバイトの利点についての C の発話に対して，3 ～ 9 で A は自分がやっているアルバイトである家庭教師の事情をコンビニでのアルバイトと比較する内容を述べており，A と C の間で話題が進行しています．第 2 章の観点からいえば，第一評価となるのは 19B（⇒）ですが，それよりも，ここで注目すべき点は，B はこの発話の直前までのやりとりのなかで実質的な発言を行っていなかった，すなわち傍参与者（A-2）だったという点です．

もう一点興味深いのは，この事例における 19B は単に第一評価であるというだけなく，より具体的には，A に対する「からかい」のようなものであるという点です．からかいの発話については，この例のように，これまであまり発話していなかった三人目の参与者がからかい発話を発するという場合だけでなく，話し手 A がある参与者 B をからかう発話を他の聞き手 C に向けて行うと，（少なくとも表面上）発話を向けられていた C ではなく，B の方が次話者となる，という現象も見られるようです（初鹿野・岩田 2008）．

---

3) 第 2 章で扱った拡張連鎖の一つである「連鎖終結のための第 3 部分 sequence closing third」（Schegloff 2007）がこの位置で A が行う典型的な行為の一つです．

4) この例は高梨ら（2005）から引用しています．このデータの収録方法などの詳細については本章の分析編で詳しく説明しますが，ここではこうした詳細が分からなくても理解できるだろうと思います．

【例 5-1】四回生なのにまだ語学

[C がコンビニでのアルバイトの利点を説明]
```
 01  C：あ：なんか別に一週間に二回でも一回でもいいし
        試験期間とかもめっちゃ楽なんですよ
 02  B：[あ：
 03  A：[それはいいですわ [ね
 04  C：          [うん
 05  A：家庭教師なんて結構試験の時期も重なってくるんです [よ
 06  C：                        [ふん
 07  A：でも試験前には、ま：普段お金もらっているし絶対
        ＝行かないといけないってゆう [か
 08  C：                [う：ん
 09  A：次の日語学が二つあろうと [も
 10  C：            [は [ははは
 11  B：              [ははははっはっは
 12  A：レポートがあろう [とも行かない [といけない
 13  C：        [う
 14  C：                    [う：
 15  A：という [のがありますからね
 16  B：    [は：っは
 17  C：う：ん
 18  A：[くくく
⇒19  B：[君四回生なのにまだ語学とってるから
        ＝だ [めなん [ですよ [はははははは
→20  A：    [ふっ [ふ    [くくく
 21  C：            [ははは [はは.
```

　次の例はサイエンスカフェで見られたものです[5]．当該のテーブルにはこの日のホストとなる研究グループの研究者の進藤と一般応募で参加した一般参加者の A 〜 E が参加しています．

---

5) この例については高梨ら（2012）からの引用です．

【例5-2】
01 D：あのう，全部，それ一応，情報的に（・・）ですので.
02 進藤：あ，バイオインフォマティックス.
03 D：バイオインフォマティックスと，で，バイオからケモインフォマティックスに移って，
04 進藤：ああ，ケモインフォマティクス（ですか）.
05 D：いまは，あの，薬学です（学部は）.
06 （（お菓子を食べていたBが興味を示すようにDを見る））
07 ：あのう，薬の，ま，話がちょっと共通だけど，まあ，まあ，ちょっと違う立場から，
08 ：こう，パソコン，どうやってスーパーコンピューターを使って，
09 B：ああ.
10 D：これを調べられるかという，ことですね.
11 進藤：なるほど.
12 ：結局ね，こういうのは，うん，記号に置き換えることもできるんですよね.〈→B〉
13 D：うんうんうん.
14 進藤：配列なので.
15 B：あ，はい.
→16 進藤：昔ね，あの <u>DNA</u>，が〈→E〉にほん，ヒトのDNAってか，ゲノムっていうんですけど，
17 E：うん.
18 進藤：あれ，読まれたと，
19 E：うん，うん.

図5-2 DNA

20 進藤：解読成功したと言っていたじゃないですか.〈→E〉
21 （（以下，約40秒間ほど，「ゲノム音楽」の話題が続くが中略））
22 進藤：だから，こういうのもだから，これもあの，なんか順番とかなので，
23 ：置き換えると，文字みたいになるわけですよねえ.〈→E〉
24 A：うん.
25 進藤：そうすると，コンピューター使って，もうすごい数がありますから，〈→E〉
26 E：うん.
→27 進藤：効率的に，〈→D〉その情報を処理していって，

→28　　　　：いけないものとか，いいものっていうのを探す<u>研究があるんですよ</u>．〈→Ｅ〉
　29　　　　　((Ｅに視線を向けて説明する中で，掌でＤの方を指す))

図5-3　研究があるんですよ

30　　　　：要は，コンピューター科学っていうのと，結合したやつですよ．〈→Ｅ〉
31　Ｄ：そう．
32　進藤：要は，膨大な情報をどうやって処理するかっていう，〈→Ｄ〉
33　Ｄ：そういう分野（やって）ました．
34　進藤：分野なんですよね．〈→Ｅ〉
35　Ｄ：はい．
36　　　　：だから，そうですね，それは，まあ，例えば，さっきの各遺伝子の情報が，
37　　　　：まあ，１単位ずつがあって，〈→Ｅ〉その，４種類ぐらいですけど，
38　　　　：あのう，それを人間の数は，もう相当な数〈→進藤〉なので，〈→Ｅ〉
39　進藤：うん．
40　Ｄ：これは，例えば，あの，一つずつの単位の情報が１枚の紙類であったら，
　　　　　　〈→Ｅ〉
41　　　　：もうぜ，全部，こう，一つの，スタックにしようとしたら，<→進藤 >
42　　　　：もう，<u>この建物より高い</u>，<→Ｅ〉

図5-4　この建物より高い

43　進藤：うん．
44　Ｄ：になってしまうから，その中から，どうやって意味を抽出するというのが，
　　　　　　〈→Ｅ>
45　　　　：まだ，まだいまからの分野ですし，〈→進藤〉

　この部分の冒頭では，隣接分野の若手研究者でもある一般参加者のDの専門分野について，Dと進藤が専門的な用語を交えながら話していましたが，Bがこのリの専門分野に関する話題に興味を示しながらDの方に向き直ったため（06），DはBに向けて説明をはじめ，進藤も「記号に置き換えることもできる」といった指摘やDNA解読との比較など，理解しやすい補足説明をしていきます．その意味で，ここまででは Dと進藤が主にBを受け手として会話を進めている，といえます．しかし，こうした補足説明を続ける中で，進藤は初めはBに向けていた視線をそれまで完全に傍参与者だった E に向けはじめます（16の〈→E〉および図5-2）．そして，進藤は一連の補足説明の終わり近くで，Eに視線を向けた状態で，「探す研究があるんですよ」と言いながら，掌ではDの方を指すという興味深い行動を行います（27–28；図5-3）．何が興味深いかというと，ここでの言語的発話と視線やジェスチャーといった非言語行動との統合体（第4章参照）は「進藤がDの研究についてEに紹介する」という三者を含むものとなっているのです．これにより，Dは「ケモインフォマティックス」についての説明をここからは主にEに向けて続けていくことになります（36–45中の〈→E〉および図5-4）．進藤が傍参与者だった E の存在に配慮することにより，EがDの発話の受け手としても会話の輪の中に誘い込まれているわけです．

　例5-1ではそれまで傍参与者だったB自身が自己選択によって話者になったのに対して，例5-2では進藤やそれに続くDの振る舞いによって，それまで傍参与者だった E が受け手となっていった，というように，細部には違いもありますが，いずれの例においても，結果として，二者間バイアスのような，多人数会話のうちの一部の参与者のみの間で順番交替が生じるという状態からの離脱が起こっているという点は共通しています．このように二者間バイアスが緩められることの背後には，特定の参与者の持つ何らかの動機のようなものが関わっているのではないかと感じられますが，残念ながら，本章で導入した観点で議論できるのはこのあたりまでです．この議論の続きについては**第6章**を参照してください．

【B：分析編】[6)]

B-1　データの特徴

　ここでは実験的に収録した三者会話（高梨 2013）のデータを分析に用いることにします．実験参加者はすべて大学生で，各グループは原則，同性の 3 人からなります．親疎関係として，(a) 参加者 A，B，C が全員友人同士，(b) A と B，A と C は友人同士，(c) A と B のみが友人同士，(d) 全員初対面，の四つの条件を設けることによって（図 5-5），共有知識や親疎関係に基づく比較ができるようにしています．

　各グループは「写真課題」と「自由話題会話」という二つの課題を順に行いましたが，ここで分析に用いるのは「自由話題会話」の方のデータです．この課題では，会話の内容や進め方などについての教示は行いませんでしたが，特に初対面のグループでは話し合いが活発にならないことが予想されましたので，大学生活，趣味や好みなど，どのような参加者（の組み合わせ）でも話題にしやすそうな「話題リスト」を用意し，自由に参照してよいことにしました．

　実は収録当初は，各参加者の音声を独立のトラックにクリアに収録することが重要なのではないかと考えており，そのため，各参加者には個人用の防音室に入ってもらうことにしました．したがって，参加者は対面状況にはありませんので，ヘッドフォンの音声の方向に合わせて，2 台の小型モニタを設置し，会

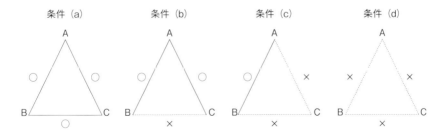

図 5-5　参与者組み合わせ条件（A, B, C：参与者，○：友人同士，×：初対面）

---

6) 本節の執筆に際しては高梨（2002）を参照しました．

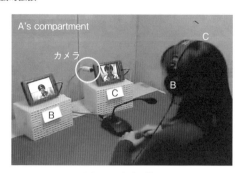

図 5-6 実験環境

話相手からの非言語的なフィードバックも得られるようにしました．実験参加者 A は B と C の声をヘッドフォンのそれぞれ左と右から聞くと同時に，B と C の映像をそれぞれ左側と右側のモニタで見ることができます（図 5-6）．現代でいえば，3 人で Skype で会話しているような状況です．

　ここで問題になるのは，小型ディスプレイとカメラの配置からも明らかなように，参与者たちは互いにアイコンタクトすることができないという点です．しかし，順番交替のタイミングは概ね自然だと感じられました．もし多人数会話における次話者の決定にとって視線のみが重要であるならば，この状況でスムーズに順番交替ができることは説明できません．そこで，この研究では，この収録条件を逆手にとって，次話者の決定に関わっていると思われる言語的な特徴を探し出すことにしました．

B-2　次話者決定に関わる言語的リソース

　表 5-1 は次話者の決定に関与している可能性のあるリソースのリストです[7]．ただし，上述したように，今回の会話収録状況では参加者がアイコンタクトを行うことはできないため，1 の視線は今回の対象データで使用されているもの

---

[7] この分類のうち，3 の「連鎖組織の利用」と 4 の「共有知識の利用」は ラーナー（Lerner 2003）の「暗黙的な次話者選択」のうちの「連鎖上のアイデンティティ」の利用と「カテゴリーに基づくアイデンティティ」の利用とにそれぞれほぼ対応しているように見えます．しかし，発表年の関係で，この分類が最初に発表された際にはこの文献は参照できていませんでした．

表 5-1　次話者決定のためのリソース

1. 非言語的装置
視線など
2. 言語的装置
(a) 明示的：呼びかけなど
(b) 暗黙的：参与者への指示（人称代名詞や名前などで，文中での文法役割は呼格ではなく主格や所有格など），丁寧体／非丁寧体の選択，談話標識（＋3），特定の語句の選択（＋4），など
3. 連鎖組織の利用
隣接ペア第一部分と第二部分，直前発話への修復要求，直前の回答者への連続質問
4. 共有知識の利用
共有エピソードへの言及，情報を持っていない者からの情報要求，情報を持っていない者への情報提供

ではありません．この表からも分かるように，呼びかけなどの明示的な次話者選択装置以外にも，さまざまな言語表現によって次話者の選択が明示あるいは含意され，適切な順番交替が円滑に行われていることが分かります．これらの中から，いくつかの例を見ていきましょう．

　まず，2(b)の中の丁寧体／非丁寧体ですが，これは，当該の話し手から見て，一方の聞き手が初対面でもう一方が友人の場合や，一方が年上でもう一方が同年か自分より若い場合などには，前者に対しては丁寧体，後者に対しては非丁寧体を用いるのが一般的ですので，丁寧体と非丁寧体の使い分けによって次話者を選択できる可能性が生まれます．次例のように，特に丁寧体と非丁寧体が一つのターンの中で区別して使用されている場合には，これらの装置の効力は顕著です．

【例 5-3】丁寧体／非丁寧体（参与者組み合わせ条件＝ c）
　　01　B：あ，なんか経済ってこの間ゼミの面接がありましたよね．
　　02　C：ああ，そうです．
　　03　A：早いみたいですね．
　　04　C：あ，まだなんですか，文学部は．
⇒05　B：あ，まだですね［→ C］　　　入ってからだよね［→ A］
　　　　　　直前の質問者 C への回答　　同じ学部の友人 A への確認
　　　　　　　丁寧体　　　　　／　　　　非丁寧体

図5-7　丁寧体／非丁寧体の使い分け

　この例では，発話の前半は丁寧体「ですね」から判断するに初対面のCから
の質問への回答であり，後半では非丁寧体の「だよね」が使われていることか
ら，この部分は同じ大学のクラスに属する友人Aへの確認となっていると考
えられます（図5-7）.

　次の例では，表5-1の3の「連鎖組織の利用」の中の「連続質問」が用いら
れています．3C，7Cとも，直前の話者Bが次話者として回答すべき質問であ
ることが明白ですね．同時に，この例は理論編A-4の「二者間バイアス」の分
かりやすい例ともいえます．さらに，連続質問では，冒頭に「じゃあ」などの
談話標識（表5-1の2(b)）（Schiffrin 1987）を伴うことによって，直前のター
ンと関連した質問であることがより明確に表現されることも多いです．

【例5-4】連続質問（参与者組み合わせ条件 =c）
　01　C：サークルとかなんか入ってはるんですか.
　02　B：あ，はい．私は入ってます.
⇒03　C：何？［C→B］
　04　B：えっと山登りが好きで［ふふふ，山登りを，やっております.
　05　C：　　　　　　　　　　　［あ，そうなんですか．はは．すごい.
　06　B：いえいえ.
⇒07　C：どっか高い山とか登らはったんですか．［C→B］
　08　B：ええ，今年は北アルプスと穂高に行ってきまして.
　09　C：あ，すごーい.
　10　B：いや，ふふ，そんなことないんですけれども.

　次の例はそれぞれ，表 5-1 の 4 の「共有知識の利用」の中の「情報要求」（例5-5）と「情報提供」（例5-6）にあたります．例5-5 では，1B の質問に回答しうるのは「最近ラケットを買った」（ことが他の参与者に知られている）A となり，逆に例5-6 では，A が「ホームステイ」をしたことを知らない B のみが受け手となるわけです．

【例5-5】情報要求（参与者組み合わせ条件＝a）
→01　B：でもラケットって一回買ったらオッケー［やんな［→A］
　02　A：　　　　　　　　　　　　　　　　　　　［そうそうそうそう

【例5-6】情報提供（参与者組み合わせ条件＝b）
　01　C：タカダの方はあれやな
→02　A：そうホームステイしてきました［→B］
　03　B：へー

B-3　言語的リソースと共有知識

　引き続きここでは，表 5-1 の 4 の「共有知識の利用」の中の「共有エピソード」について詳しく見てみましょう．これは当該のエピソードを共有している参与者を受け手・次話者として選択するものです．
　まず，論理的にいえば，二者会話では共有知識の種類が参与者 AB 間のもののみに限られますが，三者会話では，AB，BC，CA，ABC 間の 4 種類の共有知識の区別が生じます（Devlin 1999）（図5-8）．これに応じ，各参与者はある

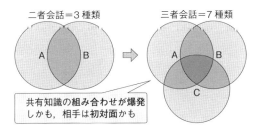

図 5-8　二者会話と三者会話における共有知識

話題についての知識状態によって，これを知っている者Kと知らない者nonKにカテゴリー化されますので（Goodwin 1981），参与者の知識状態の相違を用いて次話者選択を行うことが可能になると考えられます．

【例5-7】
⇒01 B：カタタク　どうなった［→A］
　02 A：あれはな，一部．［→B］
　03 B：ああ．
　04 A：キャンプでさあ，あだ名が決定してん．［→C］
　05 C：ああ．

　ここで「カタタク」という（謎の）語の使用によって，次話者として選択されているのは「カタタク」についてのエピソードをBと共有しているAであることが暗示されているといえるでしょう．また，このやりとりの後，4Aはこのエピソードをこれまで知らなかったCに対して説明しています（前頁の例5-6と同様，表5-1の「情報提供」に当たります）．このように，あるエピソードへの言及は，参与者の知識状態の相違（についての互いの想定）を利用することによって，各参与者を|知っている者K|と|知らない者nonK|という集合へカテゴリー化し，これによって，話し手，受け手，傍参与者という参与役割（理論編A-2）を割り当てる手段となっていると考えることができそうです（図5-9）．
　しかし，この例のように，共有エピソードへの言及によってうまく次話者が決まる場合だけなく，次例のように，共有エピソードの利用によって一見次話

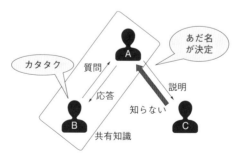

図5-9　共有知識に基づく次話者選択

者が決定しているように見えるものの，実はそれが参与者自身の誤解であった
ということも起こりえます．

【例 5-8】
　01　A：どれからいく？　テーマ．おれバイトがいいかな．
　02　C：うふふ
　03　B：ははは
→04　A：印刷業のバイトとか．
　05　C：うん　オカザキ印刷そんなにハードと違うからね．ふふふ
　06　B：へへ
　07　C：うちの家　実は印刷屋でございました．
　08　B：へえ：おか　オカザキ印刷ですか

　実は私自身も，最初にこの例を分析した際には，「C の実家が印刷業を行っ
ている」（共有エピソード 1）という事実は AC のみが知るものであることから，
C が次話者として選択されていると考えてしまいました．しかし，直後の部分
を見直すと，この解釈は誤りであったということが分かります．そして，おそ
らくこの誤りはここで C が犯したであろう誤解と同じものであるといえそう
です．

【例 5-8】（続き）
　08　B：へえ・おか　オカザキ印刷ですか
　09　C：オカザキ印刷．
　10　B：ははは
→11　A：けど　加賀印刷はすごかったよな
　12　B：ふふふ　終わっとった．
　13　A：うん　めちゃくちゃハードやった．
　14　C：ふう：ん

　この部分まで進むことで明らかになるのは，実は「A と B はかつて同じ印刷
会社でバイトしたことがあった」（共有エピソード 2）ということであり，先ほ
どとは逆に，今度はこれは C の知らないエピソードだったということです（図
5-10）．実際，改めて見直してみると，問題の発話 4A において，A は単に「印
刷業」に言及しているのではなく，「バイト」が話題となり始めている状況にお

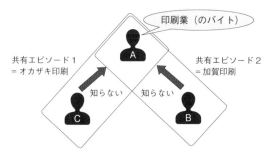

図 5-10　二つの共有エピソードの競合

いてわざわざ「印刷業のバイト」という表現を用いていたのです．この点から
考えると，問題の発話は「共有エピソード 2」に言及することによって，B を
次話者選択しようとしていたと考える方が自然なのではないかと思えてきます．

　もちろん，こうした事例があるからといって，共有知識の利用が次話者の決
定と無関係であるということにはならないでしょう．ただし，注意しなければ
ならないのは，ある表現によってどのような共有知識が活性化されるかに関す
る推測が参与者間で一致するとは限らないため，結果的に共有知識の利用によ
って次話者が決定しているように見える事例のすべてを順番交替規則における
1a の「現行話者による次話者選択」と見なすのは妥当ではないかもしれない，
という点です．

　この点は，ここでの分析において，「次話者選択」という，順番交替前の話
し手の視点からの表現ではなく，「次話者の決定」という順番交替後の事後的な
視点からの表現を用いてきたこととも関係しています．同様に，「リソース」
という表現も，これを資源（リソース）として利用する聞き手の側に立った表
現ですが，現行話者がこれらのリソースを次話者選択のための「テクニック」
（理論編 A-1）として使用したのかどうかは必ずしも確実にはいえません．では，
ここでの分析で挙げたような，次話者の決定に結果として関与している可能性
のあるさまざまな「リソース」が，現行話者が次話者選択のための「テクニッ
ク」として用いたものであるということを裏づけるには，さらにどのような分
析が必要になるでしょうか？　第 2 章や第 3 章で説明した「2 段階目の証拠」
という分析手順を参考に，ぜひとも考えてみていただければと思います．

第3部

複雑な社会的・認知的環境への対処

　本書の第2部までの部分では，会話の基本的な構造について見てきました．まず，第1部では，二者による言語での会話の骨格となる順番交替と連鎖関係について学びました．また，第2部では，これらの基本構造を縦軸と横軸の二つの方向に拡張するものとして，非言語行動をも分析対象に含めたマルチモダリティと3人以上の参与者がいる多人数会話を焦点としました．

　これらの基本構造は多くの会話にある程度普遍的に見られるものです．ですので，実験室環境で収録されたデータを対象とした分析も有効でした．これに対して，この第3部では，日常生活場面に見られる会話の複雑さを焦点とします．そのため，これまでの章のように実験室環境で収録されたデータは使用せず，日常生活場面において「自然に生起した会話 naturally occurring conversation」のみを分析対象とします．「自然に生起した」ことの基準は「たとえ収録が行われなかったとしてもその会話は実世界において同様に行われたはずのものか」です．

　このような日常生活場面において自然に生起する会話を対象として，第6章では社会的側面での複雑さの一つである，参与者の社会的属性の問題を，第7章では認知的な側面での複雑さに関わる，会話とこれを取り巻く他の活動との関係を，それぞれ扱います．

第6章
成員カテゴリー：
参与者の会話内での社会的属性

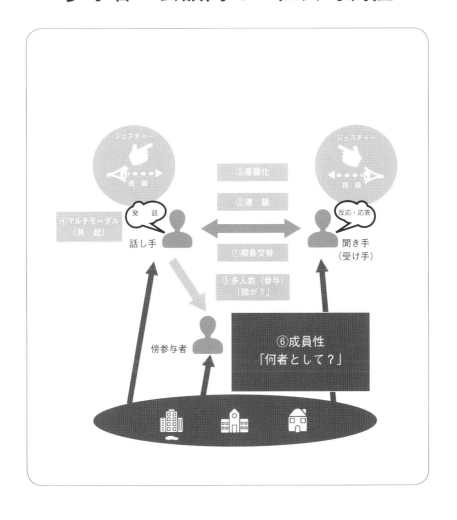

【A：理論編】

　日常生活場面に見られる会話の自然さについて，本章では会話に参与する参与者の「動機」の自然さという点を重視します．実験室環境で収録された会話では，参与者はたとえ積極的に参加しなかったとしても，実験外の日常生活において困ったことは生じませんが，自然な会話では，例えば適切なタイミングで，適切な立場から，適切な内容の発言をしないと，自分にとっての何らかの不利益が生じたりもしますので，こうしたことが生じないよう，自発的に会話に参加する動機が生まれることになります．そこで，本章では，自発的な参与と発言のための動機という点について，「成員カテゴリー化装置」という概念を参考にして考察します．

A-1　順番交替システムと隣接ペアの関係

　第 1 章では，順番交替システムについて紹介しました．そして，特に多人数会話においては「誰が次話者になるか」を決めることが必要になりますが，第 5 章では，順番交替システムの一部である「ターン割り当て部」がその役割を担っていることを述べました．他方，第 2 章では，会話における最重要特徴の一つである，話し手の発話とこれに対する聞き手の応答からなる「連鎖」関係について概観し，こうした連鎖関係の最も基本的なものとして隣接ペアという仕組みがあることを見ました．では，順番交替システムと隣接ペアの間にはどのような関係があるでしょうか？

　理論的にいえば，順番交替システムと隣接ペアの間には，

- 順番交替システムにおけるターン割り当て部が「誰が次話者になるか」を決める．
- 隣接ペアの第一部分は条件的関連性によって第二部分として「どのような発話（行為）を行うべきか」を決める．

という役割分担があるといえますが，これだけだと抽象的で要点が分かりにくいと思いますので，具体的な場面をイメージしながら考えてみましょう．

　まず，三人以上の参与者がいる多人数会話で，ある参与者 A が何らかの「質

問」をしたとします．隣接ペアの観点からは，この「質問」は隣接ペアの第一部分ですので，そのことを正しく認識した参与者はこの発話の次にこれに対する「回答」が来るべきであると考えるでしょう．次に，この A の発話が参与者 B に視線を向けて発せられていたとします．すると，今度は順番交替システムの観点から，次話者になるべきなのは B であると，B 自身も，また B 以外の参与者も判断するでしょう．しかし，この参与者 B がこの質問に対する回答をするのに「適切」な参与者であるということはいえるでしょうか？　もしそういえると考えるならば，その根拠は何でしょうか？　「質問者 A が B を次話者として選んでいるから」というのは一見するとその根拠になりそうにも思いますが，よく考えると，そもそもなぜ A は B を次話者として選んだのでしょうか？

　自然な会話における多くの箇所では，第一部分の発話者は第二部分として適切な発話を行いうる聞き手を次話者として的確に選択しています．そのため，現実に起こった会話のやりとりだけを見ていると，実はこの「誰が」に関する問題が顕在化することは少ないです．そこで，次のような少し人工的な作例を用いて考えてみましょう[1]．

【例 6-1】（A が論文を読みながら B に向かって）
A：この論文に出てくる「形而上学的」って，どういう意味かなあ．
B：きっと「空虚な理屈に過ぎない」っていうぐらいの意味よ．

　まず，ここでの B の発話は A の発話の「次の発話として」適切なものであると考えられますが（もちろん，B の意見に賛成するかどうかは別として），第 2 章で説明したように，この適切さは隣接ペアによって説明可能です．そこで，少し状況を追加してみましょう．同じように，A は論文を読んでいるのですが，今度は A の傍らには B だけでなく C もいます．さらに，実はこの論文の著者は C であり，B はその事実を知っていますが A はそのことを知りません．

1）この事例を用いた議論は高梨・森本（2009）に基づいています．

【例6-2】（A が論文を読みながら B に向かって）
　A：B さん，この論文に出てくる「形而上学的」って，どういう意味かなあ.

　順番交替システムの観点からいえば，A によって次話者選択された B（「B さん」という表現でアドレスされている）が例 6-1 の場合と同様に次話者になれそうな気がしますが，もしあなたが B さんの立場だったら，この質問に回答するのにはためらいを感じませんか？　つまり，「自分ではなく，C さんが答えるべきなのではないか」ということです．もし隣接ペアと順番交替システムしか考慮しなくてよいならば，こうした迷いは生じないはずなのですが.

　もう一点，第5章の分析編では，3 人での会話において，現行の話者が次話者を選択する，あるいは次話者になる者が自身を適切な次話者であると判断するためのリソースの一つとして，参与者間での共有知識が関与しているのではないかという見方を示しました．しかし，ここでの例では，たとえ B が A の質問に回答できるだけの知識を持っていたとしても，やはり C を「差し置いて」回答してよいのかというためらいを感じるでしょう．このことから，当該の話題について単に知ってさえすれば誰でも対等に次話者になれると考えてよいのかという疑問も生じてきます.

　このように考えてくると，たとえ順番交替システムによって選択された次話者が隣接ペアの第二部分として規定された種類の応答を行ったからといって，特定のこの参与者が特定のこの内容の発話を行うことの適切性を決めるメカニズムが解明されたとはいえないのではないか，という気がしてきます．つまり，順番交替システムからも，隣接ペアからも，ある参与者がその時点における「適切」な次話者であるということを直接導くことはできないのです.

　そこで，こうした課題に答えるものとなりそうな概念として，「成員カテゴリー化装置」というものを導入することにしましょう.

A-2　成員カテゴリー化装置

　サックスは，自殺防止センターの職員と自殺志願者やその代理人との間の電話でのやりとりの分析を通じて，社会の成員（メンバー）自身がどのような方法で成員をカテゴリー化しているかという問題に取り組み，次のような「成

員カテゴリー化装置 membership categorization devices」を見い出しました（Sacks 1972a；1972b）[2].

> **経済性規則 economy rule**：任意の成員カテゴリー化装置の要素である個々のカテゴリーは，一人の成員を適切に指示できる．すなわち，一人の成員を指示するのに複数のカテゴリーは必要でなく，一つで十分である．
> **一貫性規則 consistency rule**：ある成員があるカテゴリーによって記述されたとき，他の成員も当該のカテゴリー集合に属するカテゴリーによって指示されなければならない．

　社会における成員はだれでも，「男性」「20 代」「弟」「大阪在住」「北海道出身」「学生」「阪神ファン」等々のさまざまな属性（これを成員カテゴリーと呼びます）を持っています．しかし，例えば，誰かがある人物を言語によって指示 refer する際には，普通は「夫」のような一つのカテゴリーで記述すれば十分であり，これ以外の，例えば「教師」などのカテゴリーを追加して記述する必要はありません．たとえこの人物が実際に本当に「教師」だったとしても，記述の仕方としては不適切，不自然です．これが経済性規則の意味です．次に，この人物が一旦「夫」として記述された場合には，その妻は「夫」と同じカテゴリー集合に属する「妻」というカテゴリーによって記述されるべきであり，「夫」とは無関係な「女優」などのカテゴリーによって記述するのは（たとえ本当に「女優」だとしても）不適切になります．これが一貫性規則です．
　さらに，あるカテゴリーには，例えば，「警官」が「泥棒」を「逮捕する」という場合のように，ある特定のカテゴリーに属する者によって行われることが社会的に予測ないし期待される活動があるものです．こうした活動はカテゴリー付随活動 category bound activity と呼ばれます．
　これらのことを考慮するならば，例えば「強盗を逮捕した警官が表彰され，妻は喜んだ」といった記述について，「警官」を「京都市民」に変更したり，「妻」を「20 代女性」などに入れ替えてしまうと，たとえそれが実際には真実

2）山崎（2004）や平本（2017）にも分かりやすい解説があります．

だとしても，意味の分からない記述になってしまうことが分かるでしょう．このように，ある人物について記述する際には，この人物が持つ複数の属性のうちのどれが用いられてもよいということはなく，描写されている行為との結びつきが社会的に期待されるカテゴリーや登場人物同士の間にある関係性が理解されやすいカテゴリーを選択するのが適切だということになります．

A-3 成員カテゴリー化装置と会話：「何者として」

　成員カテゴリー化装置についての以上のサックスの議論は，会話における順番交替や次話者選択の問題を焦点としたものではなく，人々が見聞きした出来事などを描写する際に，その登場人物の行為をいかに記述するかに関する規則として論じられたものでした．しかし，例えばグッドウィンは，多人数会話の中の複数の聞き手の反応の相違を説明する際に，成員カテゴリー化装置という用語は用いていないものの，語られている物語を知っている knowing ／知らない unknowing 聞き手が会話内で果たす役割の相違を利用した分析を行っています（Goodwin 1981）．さらに，グッドウィン（Goodwin 1986a）でも，ある物語を知っている者／知らない者の区別以外にも，ある領域の話題に通じた者／そうでない者の区別や，物語に関心のある者／ない者の区別などに基づくさまざまな解釈枠組みが競合し合うことによって，語りが語り手の思惑通りに展開されない例が分析されています．

　そこで，本書では，語られた出来事における登場人物の行為と同様に，会話内で次話者やその他の参与役割を担うことも社会的な行為の一種であるという点に着目し，成員カテゴリー化装置は会話の当該時点における各参与者の参与役割を決めるためのリソースの一つとしても利用されており，受け手や傍参与者といった参与役割もこうしたリソースが利用された結果として決まる場合があると考えることにします[3)]．

　このことをもう少しキャッチフレーズ的に整理してみましょう．一方で，第5章で取り上げた順番交替システムにおける「現行話者」や「次話者」，参与役割の分類における「話し手」や「受け手」「傍参与者」といった概念では，会話参与者のうちの「誰が」これらの役割を担っているかを記述的に分析していました．これに対して，成員カテゴリー化装置の考え方では「誰が」という見方

からもう一歩踏み込んで，その誰かが「何者として」話し，聞いているのかというように見方を変更します[4]．ポイントは，「誰が」という見方では，「A さんが」とか「B さんが」という答えになってしまうのに対して，「何者として」という見方の場合には，ある発言を同じ A さんが行ったとしても，それを例えば「父親として」とか「○○社の課長として」というように，その都度異なる役割を担う者として区別して記述できるようになる，というところにあります．そして，ある参与者 A が会話のある時点で「次話者」になったのは「○○の者として」であるというところまで踏み込んで考えることができれば，A さんが次話者になったという「事実」を記述するだけなく，その「理由」までも説明できるようになるのです．逆にいえば，「次話者」や「傍参与者」といった呼び名は各参与者が成員カテゴリーに基づいてその時点で自分と他者が取るべき立ち位置を判断したということの事後的な結果を表しているのだということもできるでしょう．

A-4　成員カテゴリー化装置と言語行為論：カテゴリー付随活動

　では，以上の分析概念を用いて，上述の「形而上学的」の例について再考してみましょう．

> 【例6-2】（再掲）（A が論文を読みながら B に向かって）
> A：B さん，この論文に出てくる「形而上学的」って，どういう意味かなあ．
> ・A の傍らには B だけでなくこの論文の著者 C もいる．
> ・B は C がこの論文の著者であることを知っているが，A はそのことを知らない．

3) シルバーマンは，サックス（Sacks 1992）による分析を取り上げ，新メンバーに向けての'We were in an automobile discussion.' という発話がこの新メンバーを会話へと勧誘invitation するものと解釈されることから，サックス自身もまたこの方向での分析を想定していたのではないかとも考えられると指摘していますが（Silverman 1998），簡単な指摘に留まっています．また，ラーナーは，ある発話に応答する資格のある参与者が会話中で一人に限られていることが明らかな時には，この参与者が次話者選択されていると見なすことができるという指摘をしています（Lerner 2003）．なお，成員カテゴリー化装置と順番交替システムなどの会話分析の諸装置とが，共にサックスによって提唱されたものでありながら，これらを組み合わせて用いる分析が行われにくかったという点については，中村（2006）による理論的論考があります．
4) 串田（1999）は，「会話への人々のそのつどの参与の仕方がどのように構成されるかという問題（参与の組織化）と，会話者たちがそのつど互いを何者として表示し合うかという問題（成員カテゴリー化）」がどのように密接に関連しあっているかを論じています．

　既に述べましたように，順番交替システムにおける次話者選択の観点からは，たとえCが傍らにいようが，現行話者Aによって次話者選択されたBがそのまま次話者となり，この質問に回答してよいと考えられます．しかし，あなたがもしBさんの立場だったら躊躇するのではないか，という点がこの例のポイントでした．そして，この点はBがこの質問に対する十分な回答を持っていたとしても同じでしょう．つまり，ここではBが次話者選択されているということやBが十分な知識を持っているということを凌ぐような，何らかのより重要な観点をBは考慮しているということになりますが，本章ではこの点をまさに成員カテゴリー化装置によって説明できるのではないかと考えたわけです．

　これらの点を踏まえて，この質問の直後に起こりそうなことをイメージしてみましょう．まず，あなたがBさんの立場ならば，質問に回答する代わりに，例えば次のような答え方を考えるのではないでしょうか？

【例6-2a】（Aが論文を読みながらBに向かって）
A：Bさん，この論文に出てくる「形而上学的」って，どういう意味かなあ．
B：あ，それ，Cさんが書いたのよ．

　つまり，自分がAさんによって次話者として選択されたという事実は尊重しつつも，この質問に「回答」する権限についてはCさんに譲渡する，というやり方です[5]．一方，あなたがCさんの立場だったとするならば，次のような方法を取るかもしれません．

【例6-2b】（Aが論文を読みながらBに向かって）
A：Bさん，この論文に出てくる「形而上学的」って，どういう意味かなあ．
C：あ，それ，実は僕が書いたんだ．「形而上学的」というのはねえ・・・

　要するに，Cさんとしては，Aによって次話者選択されていなかったとして

5）この点に関連するものとして，ジェファーソンとシェンケインは，次話者選択された参与者が自分では適切な応答ができないため，他の参与者にターンを譲ることを「パス」とよび，分析しています（Jefferson & Schenkein 1978）．

も，「僕が書いた」と名乗り出ることによって，「著者として」ターンを取得し，回答を開始することができるわけです．そして，こうしたBやCにとって可能な対処法から推察できるのは，ここでは「著者」というカテゴリーが優先されている，ということです．

　ただし，これは単に「著者」というカテゴリーだけの問題ではありません．優先されているのは「著者が自分の論文について解説する」という行為なのだと考えるべきでしょう．この行為は「著者」でないBが論文の中の用語について「解釈したり推測したことを述べる」という行為とは異なる「特権」を持っていると考えられるのです．このように，会話の中での参与者の振る舞いを決めるものとして成員カテゴリー化装置が用いられている場合にも，何らかのカテゴリー（「著者」）だけが用いられているのではなく，そのカテゴリーに付随する活動としてどのような言語行為（「解説する」）が行われるべきかということが不可分なものとして判断されているのだということが分かります．成員カテゴリーを「○○の者として」と表現したのに倣えば，カテゴリー付随活動というのは「○○の者として××する」という表現における「○○」と「××」の間の結びつきのことを指すと表現できそうです．

　第2章で紹介した言語行為論の中で，オースティンは，言語行為の不適切性条件の一つとして，「誤適用 misapplication」という項目を挙げています（Austin 1962）．これは「行為がその行為を遂行しうる立場の人によって行われていない」ような場合のことを指しています[6]．例えば，野球の審判はアウトかセーフかを「宣告」する権限を持っているのに対して，ある観客が観客席から「アウト」と叫んだとしても，この観客には審判としての権限はありませんので，彼の発話によってランナーがアウトになるということはありません[7]．こうした言語行為とこれを行う権限を持つ者との間の結びつきは，慣習性が高い儀式のような場面では明確に分かりますが，日常会話における多くの発話に

---

[6]「発動された特定の手続きに関し，ある与えられた場合における人物及び状況がその発動に対して適当でなければならない」．（Austin 1962）

[7] 第2章で紹介したサールによる整理の中では，「宣告」は「宣言型」に分類され，「発話そのものの遂行によってある事態を成立させる」ものと考えられていますが，ここで論じているように，「発話」だけによって何かの「事態」が成立するようになるのではなく，発話者の権限や状況に関するそれ相応の条件が満たされている必要もあるわけです．

ついてはそれほど明確に述べることはできないのではないかという気もします．しかし，上記の「著者」が「自分の論文について解説する」というカテゴリー付随活動の例からは，実は会話参与者は発話の種類や状況に応じて，その権限を実に微細かつ正確に判断し，行動しているのではないかという可能性も垣間見えてきます．

　なお，**第2章の分析編で取り上げた評価連鎖との関係でも興味深い点があります**．それは，一般的な評価連鎖では第一評価に対する選好的な応答は「同意」であるのに対して，評価の一種であると思われる「非難」や「ほめ」「自己卑下」といた発話に対しては，「同意」ではなくこれらを打ち消す「不同意」が選好的になるという点です（Pomeranz 1984, 張 2014）．その理由は，一般的な評価連鎖では，評価の対象が話し手や聞き手のどちらからも離れた，比較的中立的な事象であるのに対して，「非難」は聞き手に関する事柄についての否定的評価，「ほめ」は聞き手に関する肯定的評価，「自己卑下」は話し手に関する否定的評価，というように，これらの発話では話し手か聞き手のどちらかに近い領域の事象が扱われている，という点にあると考えられます．この点に関係する現象は，言語学の中では「情報のなわ張り理論」（神尾 1990）において，また，最近の会話分析では認識性 epistemicity（Heritage 2002, Heritage & Raymond 2005）として，扱われていますが，成員カテゴリー化装置の観点からも議論できるものかもしれません．例えば，「この料理おいしくない」という発話を聞いた聞き手が作り手ではない第三者の場合には比較的ためらいなく「同意」できるのに対して，もしこの聞き手が作り手であるならば，単に「同意」だけをするというのは不十分なのではないかと思われます．さらにいえば，後者の場合には，この発話自体がそもそも単なる「第一評価」ではなく「非難」として解釈されるという可能性もあり，その場合，聞き手が応答として行うべきことは例えば「謝罪」や「釈明」「反論」などであると考えるべきかもしれません．これらの「謝罪」や「釈明」「反論」などを料理の「作り手」がカテゴリー付随活動として行うべき／行うことのできる行為であると考えるならば，この現象は成員カテゴリー化装置に関わるものであると考えることもできるのではないか，というわけです．

A-5　成員カテゴリー化装置と参与役割

　上記の「形而上学的」の例は著者による作例でしたが，現実の会話において観察された同様の事例も挙げておきましょう．この例は科学館での展示物を制作するためのチームによるミーティングのデータから取られたものです[8)]．山内が「気になっているのが」という表現を用いて，自身の懸念事項をミーティングの場に導入しています．このようにして会話の場に懸念事項が持ち込まれると，直後に他の参与者がこの懸念に対処するための応答をするのが一般的で，ここには隣接ペアと同様の連鎖関係が見られます（高梨 2015a）．また，視線などを参照する限りでは，この発話は主に笹島に向けられており，したがって，順番交替システムの観点からは，笹島が次話者として選択されているのではないかと考えられます．実際，この山内の発話の最中に笹島が何度かあいづちを打っています．しかし，ここで実際に生じたことは，笹島が応答を開始するよりも前に，梨元が応答を開始するということでした．第 5 章の聞き手の参与役割の観点からいえば，それまで梨元は傍参与者だったといえます．そして，ここでは，単に傍参与者の梨元が発話したというだけでなく，他の参与者が誰もそのことを問題視していないということも重要です．つまり，ここにいる参与者の誰もが，梨元が応答したのはなぜなのかを理解できている，ということになります．

【例 6-3】
山内：　あ，ちょっと，後，それに合わさって気になってるのが，
　：　　あの，ナガメのカサ・・・設置っくいうのが，24 日，25 日で
　：　　予定されてるのが（中略）
　：　　リブを開けてしまったりしたら，位置の移動が不可能になって
　：　　しまうので，
梨元：　ナガメのカサも移動します？
　：　　いま，もうリブの方は開口しちゃってます．

---

8) ここで用いた展示制作ミーティングの分析に関しては，高梨（2018）においてより詳細に論じられる予定です．

　ただし，ここで傍参与者だった梨元が次話者となった理由を単に「施工業者として」と記述するのはやや不十分な気がします．「施工業者」という点では，梨元だけでなく，当初の受け手だった笹島も同様だからです．著者が知りうる限りでの背景知識を用いて解釈するならば，笹島と梨元とは同じ施工業者に所属する者ではあるのですが，より現場に近い立場にいる梨元の方が現場工事の現状をより正確かつ詳細に把握しているため，傍参与者にもかかわらず回答を行ったのではないか，と考えることができそうです．このように，成員カテゴリー化装置における「カテゴリー」は，例えば職名のような一般性の高いものだけに限られず，ある状況においては，それよりも微細な区別を要するものである場合もあることが分かります．そこで，ここでは梨元を「施工業者」ではなく「現場監督」と呼ぶことにしましょう．

　ただし，こうした考察には若干の疑問も残ります．梨元の方が笹島よりも「より現場に近い立場にいる」という事実は，調査者である著者だけでなく，このミーティングの参与者全員が知っているものであるといってよいと思います．しかし，だとしても，この事例において梨元がこの発話を行った事実を「現場監督として」と説明することが妥当であるという証拠が，何かこのデータの中に現れているでしょうか？　例えば，この会話断片（やその前後の部分など）で参与者の誰かが梨元を「現場監督」と呼んでいるといった事実は見られないのです．実はこの問題は専門的には非常に大きなものなのですが，私自身も確たる結論に到達しているわけではありませんので，ここではオープンクエスチョンのままにしておきたいと思います．

【B：分析編】[9)]

　理論編では，会話の中でのある参与者の発言やその他の行動を成員カテゴリー化装置という観点から理解できることを論じてきました．そこで，この分析編では，実社会で行われたリアルなデータを対象として，ある同じ会話場面の理解に複数の成員カテゴリーが関わっているさまを見ていきましょう．

B-1　分析データ：起業コンサルティング

　ここでの分析では，スカイライトコンサルティング株式会社による起業コンテスト「起業チャレンジ2011」の映像記録を用います（高梨 2011a，秋谷 2013）．「起業チャレンジ」は，起業を希望する2人以上のチームを対象に事業プランを募集し，これに対するアドバイスを行った上で最終的なプランの選考を行って入賞チームを決定するもので，入賞チームには1年以内の会社設立を条件に，起業資金として300万円が贈られることになっています．設立後，スカイライトコンサルティングはその会社の株主となり，業務上の相談を行うなど，コンテスト終了後も入賞チームとの関係が継続することになります．こうした「起業チャレンジ」の一連の選考過程の中で，ここでは，書類選考を経て最終選考に残ったいくつかの起業チームに対し，スカイライトコンサルティングの社員によるプラン改善のミーティング（ブラッシュアップミーティング：BUM）が行われている場面の映像記録を用いています．BUMでは，スカイライトコンサルティングの経営コンサルタントが相談役となり，一週間おきに5回にわたってミーティングを行ますが，この相談役となる社員は入賞チーム決定にかかわる選考には加わらないことが事前に説明されています．

　掲載した会話データは5回のBUMのうち3回目からの抜粋です[10)]．2人の応募者は前回のBUMにおいて指摘された改善点を踏まえて新たな起業プラン

---

9) 本節の執筆に際しては臼田・高梨（2014）を参照しました．ただし，ここでの分析内容については，元になったこの発表原稿からは改変している点も多いです．
10) 秋谷（2016）でも同じ場面の分析が行われていますので，比較してみてください．主な相違点は，秋谷（2016）では，参与者の発言内容に含まれている成員カテゴリーが分析されているのに対して，ここでは成員カテゴリーと参与役割との関係が焦点になっているという点にあります．ただし「ママ」というカテゴリーについてはこれらの両側面が見られます．

を作成してきており，この抜粋部分に先立ってそのプランの説明を10分程度
行っています．抜粋部分はそれを受けて，コンサルタントが問題点の指摘を開
始する場面です．なお，発話行冒頭の「応」は応募者，「コ」はコンサルタント
を表します．この回には応募チームは2人で参加しています．

【例6-4】
　　応1：っていうふうに考えています
　　コ　：はい
　　応1：はい
　　　　（（約5秒資料をめくっている））
　　コ　：ふうん
　　　　（（約7秒資料をめくっている））
→コ　：最初のころ言ってたやつで，ママコミュニティーにはしたくないって
　　　　いうの，ありましたよね
　　応1：はい
→コ　：とか，あとーこれはやってるとこってあるじゃないですか，
　　　　ママコミュニティーっていう意味では．
　　応1：（（頷き））コミュニティー
→コ　：そことはどういうスタンスの違いがあると思いますか
　　応1：ううーん，ママコミュニティーにはしたくないっていう気持ちはいまでもあっ
　　　　　［てー
　　コ　：　［うん
　　応1：ママサークルみたいな活動にはー，とは思う，一方で，あのー，
　　　　初めはママっていう属性を外して，こういう形態を取っていた
　　　　　［んです
　　コ　：　［うんうん　うん
　　応1：ただ，そうしたときに，あの，ここに集まる意義が
　　コ　：うんうん
　　応1：見えにくくなってしまっ［たんですよ
　　コ　：　　　　　　　　　　　　　　　　　　　　　　　　　　　　　　　［うんうんうん
　　応1：あのー，主婦たちの技術者ー，の，おのおのー
　　コ　：うん［うん
　　応1：　　　　［イベントっていうのが
　　応1：なので，一つ考え方，によっては，これはママ用イベントだけれども，
　　　　こっちは働く女性向け，こっちは専任向けみたいな
　　コ　：うん［まあこっち・・・（　　　　　　　）
　　応1：　　　　［イベントを
　　応1：はい［つくるっていう方法もあるのかなー，と思いなが［らー
　　コ　：　　　　［うーん　　　　　　　　　　　　　　　　　　　　　　　　　　　　　　　［うーん
　　応1：ただ，ママってすごいその，結束力が，あってー，友達を誘って，
　　　　あのー，いままでもその，ベビーマッサージの先生とかを呼んだりした

```
　　　　　ときに，軽く 20 人集まる [んですよ，地方でやっても.
　コ　：　　　　　　　　　　　　　[うんうんうんうん
　応1：そこがあのーーつ，その，成り立ちやすいのではないかっていう,
　　　　[ところで：：
　コ　：[なるほど
　応1：ターゲットを絞るっていう課題に対して，まず出した,
　　　　方法がママっていう区切り方でー
⇒コ　：このサービスを受けていくとー
　応1：はい
⇒コ　：きよちゃん 11) はどういう，存在になっていくんでしょうか,
　　　　の [かしら
　応1：　　[どういう存在になっていくか
　コ　：例えば
　応1：はい
　コ　：あのー，コミュニティーとか，サークルっていう意味だと,
　　　　(ま) いま，ちょっとフラストレーション抱えて一人でもんもんと
　　　　している人たちが，友達ができます,
　　　　で，みんなと同じような，何だ，志？，志でもないかな，何かこう,
　　　　まあ和気あいあいと，それぞれネイルやり合ったり何やったりっていう
　　　　それぞれの，まあ，持っているスキルを持ち合ってみんなでいろいろ
　　　　話しましょうっていうコミュニティーができてハッピーになるよねって
　応1：うんうん [はい
＊コ　：　　　　 [っていうのがゴールなのか，それともー，あのー,
　コ　：例えば，いま，は，まだ資格取ったばっかりでアマチュアで
　応1：うーん
　コ　：実績積むところもありません
　応1：うーん
　コ　：だから，えっと，それを実績積む場を，ここで得られるので,
　　　　そこで一生懸命やって，最終的には，プロのフリーランスとして,
　　　　あの，やっていきたいと思って,
　　　　いま子どもはちっちゃいから，(んー) がんがん働くことはできないけど,
　応1：はい
　コ　：例えば，まあ，小学校行ったりとか中学校行ったりしてきたら,
　　　　じゃそのブランク期間もあった (けど) そこでももう,
　　　　経験は積んでいただいて，で，中学ぐらいになって,
　応1：んー
　コ　：じゃーその経験使ってフリーランスやってみるようにしますとか,
　　　　まーあるいはそれを，ん，のスキルを生かした就職，え就職しますとか
　　　　いう感じのず，イメージなのか，どっちなんでしょうね
　応1：そうですねー，ん，目指すところは，後者の方です.
```

---

11) 応募者の説明資料に出てくるいくつかの仮想的なサービス利用者のひとつに付与された名称.

```
コ ：うん
応1：その一，何だろうな，サークルというよりは，自分の能力を人に
　　　貢献してお金を得るっていう，その一，仕組みができる，サイトで
　　　［ありたいなと思っているんですけど
コ ：［うんうんうん
コ ：そのときの問題点って何だろ？
応1：ん－－－
コ ：何かね，
応1：はいはい
コ ：もう，あの，ちょっと僕の考え言っちゃうと，
コ ：その，問題はその結束力の，高さだと思うんですよ
応1：ああ－ ［－
コ ：　　　　［逆にね
応1：あ－
コ ：何か，分かるかもしれない ［すけど
応1：　　　　　　　　　　　　　［は一い
コ ：飛び抜けられないんですよね
```

B-2　「応募者」−「助言者」というカテゴリー対

　このデータについて，本章の理論編で取り上げた成員カテゴリー化装置の観点から分析してみましょう.

　はじめに，上述のように，この抜粋部分の直前では応募者がビジネスプランについて説明していました. しかし，そもそもこの「応募者がビジネスプランについて説明していた」という記述自体にも注意する必要があります. 成員カテゴリー化装置の観点からは，この応募者が「主婦」や「日本人」などの属性を持っていたとしても，ここではこれらの属性ではなく，「応募者」が選ばれているわけです. ここでこのカテゴリーを選択したのはまずは分析者である著者であると考えられますが，厳密には，この判断がこのデータ部分での参与者自身の判断と一致しているという根拠になる現象を探していく必要があります.

　次に，「応募者がビジネスプランについて説明していた」という記述では，単に「応募者」という属性を持った話し手がたまたま「ビジネスプランについて説明していた」という事態を表現しているのではなく，「ビジネスプランについ

て説明する」ことが「応募者」という成員カテゴリーにとってのカテゴリー付随活動であるということが前提とされているといえます．そのことは，例えばこの同じ応募者が自分たちのビジネスプランではなく他人のビジネスプランの説明を始めたらおかしいということからも分かります．その意味では，上記の記述は「応募者が<u>自分たちの</u>ビジネスプランについて説明していた」と修正した方がよいかもしれません．しかし，逆に，「自分たちの」という表現が入っていない場合にも，この記述を読んだみなさんはこの「ビジネスプラン」が「応募者」自身のものであるということを疑わなかったのではないでしょうか？この点は「言わずもがな」だというわけです．このように，カテゴリー付随活動を前提とした記述にはこうした社会的な期待を暗黙のうちに活用する力があります[12]．

　この「説明する」についてはどうでしょうか？　上述のように，ここで説明されているビジネスプランは前回の BUN でコンサルタントから要求された修正版であり，かつ今回が最終版でもありませんので，「説明する」ではなく「進捗を報告する」などと記述するという方法もあると思います．その上で，「説明する」と「進捗を報告する」のいずれの記述をする場合にも，ここでより重要なのは，これに対してコンサルタントがどのように応答するかという点です．第2章で会話コミュニケーションの分析の最重要なポイントとして挙げた「連鎖性」ですね．しかし，「説明」や「報告」はこれまでに一般的に知られている隣接ペアの第一部分とはいえませんので，どのような応答が適切になりそうかを想像してみましょう．あなたが「説明」や「報告」を受けた場合，どのような観点を重視してこれらを聞き，応答を考えるでしょうか？　おそらく，これらの「説明」や「報告」が「納得がいくものか」や「疑問点がないか」といったことを考慮するのではないでしょうか？　そして，実際にここでコンサルタントが行っていることも概ねこれらの点を考慮することのように見えます．詳しく見てみましょう．

　応募者の説明（あるいは報告）の直後にコンサルタントが発した発話は「最

---

12) サックスが挙げている「赤ん坊が泣いた．母親が抱き上げた」（Sacks 1972b）という記述でも，「母親」は「この赤ん坊の母親」だと解釈されます．

初のころ言ってたやつで，ママコミュニティーにはしたくないっていうの，ありましたよね．とか，あとーこれはやってるとこってあるじゃないですか，ママコミュニティーっていう意味では，そことはどういうスタンスの違いがあると思いますか」（→）という，応募者への確認を含みながらの「質問」です．まずこれは，応募者の説明が十分なものであり，納得がいくものであったという点を肯定的に示すものでは必ずしもないようです [13]．また，ここで「質問」を用いることによって，それまで説明を聞き，答える側に立っていたコンサルタントが，今度は自分の質問に対して相手に答えさせる立場になるというように，会話の主導権が逆転しているように見える点も興味深いところです．そして，この質問に対して応募者が回答した後，コンサルタントは次の質問として，「このサービスを受けていくとー，きよちゃん はどういう，存在になっていくんでしょうか」（⇒）という連続質問（**第5章分析編**）を行います．成員カテゴリー化装置の観点からは，この質問は非常に重要です．ビジネスプランを練る際には「その利用者が当該のビジネスを利用することによってどのように変化するのか」という観点が重要であるという，コンサルタントの専門的な経験知が導入されているためです．実際，この観点はBUNの第1回の進め方の説明の際に，このコンサルタントが資料を用いて説明していた点でもあります．

　さらに，この質問に対する応募者からの十分な回答を待たずに，コンサルタントは「例えば」から始まる具体例の提示に進みます．そして，その中で，当該サービスの想定されるユーザやそのゴールとして，「それとも」（＊行）という表現で対置された二つの可能性を示し，これらを「どっちなんでしょうね」という二者択一型の質問の形で応募者に投げかけています．これはこのコンサルタントが単に「個人として」感じている疑問の表明というよりも，応募者が「判断しなければならない」ことがらとして導入されているといえるでしょう．このように，経営の専門家であるコンサルタントは，プランの不備や見通しの厳しさなどについての懸念事項を発見し，これに対する「助言」というカテゴリー付随活動を行う「助言者」であると見なせるのです [14]．当然ながら，この

---

13) 第2章で紹介した応答の「選好性」の観点からいえば，ここでの応答は「非選好的」なものだと見なせるかもしれませんが，このことを主張するためには類似の事例をもう少し集めて比較してみる方がよいでしょう．

助言者 – 被助言者というカテゴリー対では，助言者は経営的知識に関して大幅に応募者を凌駕しています．

B-3　成員カテゴリー化装置の多重性

しかし，この事例で最も興味深いのは，ここに関わっているカテゴリー対が助言者 – 被助言者だけではないのではないかという点です．

　例えば，「このサービスを受けていくとー，きよちゃん はどういう，存在になっていくんでしょうか」（⇒）という発話について，「きよちゃん」はひとりでに変化していくのではなく，応募者がこれから始めようとしているサービスを利用することによって変わっていくのだと解釈されますので，ここで応募者が聞かれていることは「このサービスによってきよちゃんをどのように変えたいのか」という点だといえるでしょう．つまり，ここでコンサルタントが尋ねているのは応募者の「起業家として」の「意向」だといえます．このように，応募者は単に助言者と対になる「被助言者」であるだけでなく，同時に「起業家」というカテゴリーに属する者として，自分たちのビジネスをどのように「したい」かという「意向」を持つことが社会的に期待される立場にもあるのです．応募者が「起業家」でもあるということは，「きよちゃんはどういう存在になっていくか」や上記した当該サービスの想定されるユーザやそのゴールについて，コンサルタント自身が決めてしまうことはできず，応募者に問うという形を取っているという点にも現れているといえるでしょう．

　あるビジネスプランについてどのような問題点があるかを指摘したり，そうした問題点を解決するための助言を行ったりすること，すなわち，ビジネスを成功させるために何を「すべき」かという側面においては，「コンサルタントとして」の専門性が優先されるのに対して，当該のビジネスを通じて何が「したい」かについては，「起業家」の方に優先権があり，コンサルタントがこれを決定することはできません．このように，ここでは，これらの2種類のカテゴリー対が同時に関わることによって，逆方向での二重の非対称性が見られます（図6-1）．

---

14)「助言者」という成員カテゴリー化装置を用いた分析としては中村・樫田（2004）があります．

図6-1　成員カテゴリー化装置の二重性

B-4　カテゴリーを支えるカテゴリー

　これまで見てきたように，BUM はコンサルタントが応募者のプランに助言を行い，最終選考のためにプランの改善を目指すミーティングです．しかし，そこで行われている全般的な活動が「起業コンサルティング」だからといって，その中で行われるすべての行為が「助言者‐応募者」というカテゴリーのみに基づいて行われていると見なすのは危険です．このことは，前節で見たように「起業家」というカテゴリーが，ここでは「助言者」というカテゴリーと拮抗する形で関与しているという点からも分かります．そして，このデータでは，「助言者」や「起業家」以外にも，さらに別のカテゴリーが働いていると考えられる箇所も見られます．

　一般的に，コンサルタントは経営一般についての専門家ではありますが，これから起業しようとしている特定の分野に関してはむしろ起業家の方が詳しいということもありえます．ここでの例においては，例えば小さい子どもがいて仕事の一線を退いている母親の置かれている具体的な社会環境などについては，応募者である起業家の方がより詳しいということが見られました．しかし，特定の分野について，コンサルタントよりも応募者の方が詳しいのは応募者が「起業家」だからだといってしまってよいでしょうか？

　例えば，例6-4 の中にも，次のような発言が見られます．

【例6-5】（【例6-4】からの抜粋）
応1：ただ，ママってすごいその，結束力が，あって―，友達を誘って，あの―，いままでもその，ベビーマッサージの先生とかを呼んだりしたときに，軽く20人集まる［んですよ，地方でやっても．

　この事実は応募者が起業家として，起業のための準備として調べたものであるという可能性もありますが，このチームの BUN では，応募者は他にも多くの箇所で「ママって○○だ」という趣旨の発言をしており，こうした発言を支えているのはこの応募者自身が「ママ」であるという事実なのではないかと考えられます．もちろん「ママって○○だ」という事実は「ママ」以外の誰かが語ることも可能な場合もありますが，例えば「ママ」ではない著者が「ママって○○だ」と断言した場合には「どのような資格で」という疑念や反発を招くこともあるでしょう．その意味では，「ママって○○だ」という発言はほかならぬ「ママ」だからこそ優先的に行うことができるものであるという可能性もありそうです．このように考えるならば，応募者の上記の知識については，単に「起業家」だから知っているものというよりも，そもそも「起業家」としての特性が「ママ」という，より背後にある別のカテゴリーによって支持されていると見なした方がよいのではないかと思います．この会話データから少し離れてもう少し一般的にいえば，「ママ」であることは当該のビジネスの「起業家」としての「適性」の一つであるといえるかもしれません [15]．

　一方，この応募者が当該のビジネス領域についての知識を持っている理由をすべて「ママ」というカテゴリーに引きつけて説明できると考えるのも誤りです．前述の引用箇所の下方には次のような発言がありますが，「過去のそのまま，サイトでの取材のときに」という表現からも分かるように，ここで語られようとしている事実は，単に「ママ」だから知っているというものではなく，自身が過去に「ライター」として取材することによって得た知識です．ここでも「起業家」としての資格を支えている特定分野に関する知識の源泉として，「ライター」という別のカテゴリーが関わっていることが分かります．

---

[15]　この応募チームは応募者である起業家自身が想定ユーザである「ママ」や「主婦」というカテゴリーに属していることをビジネス展開の強みとしようとしています．また，同じ年に調査したもう一つのチームについても，うつ病の当事者がうつ病に対する認知行動療法をWEBで提供するサービスを展開しようとしています．このように，「起業家」が起業しようとしているビジネスの分野の「当事者」でもあるという場合には，「起業家」としての立場と「当事者」としての立場が極めて密接になり，またそのことがビジネスの強みにもなりえますが，分析においては，各発話・行為ごとにどちらのカテゴリーの者として行われているかを区別できる証拠を探していくことが求められます．

【例6-6】
応2：もしか，その，私の中ではそういう，あまりなれ合いの雰囲気になる
　　　イメージではなかったんですけど．
コ　：うん，うん，うん．なるほど．
応2：えっと，こう，資格を取って，何か，いま実際に資格を取ったけども，
　　　できていないようなきよちゃんが，こういう四つの悩みを持って
　　　いますよね．
　　　これをバックアップすることで，プロのフリーランスとして
　　　活躍できる場を提供したいっていう気持ちだったんですが．
　　　えっと，過去のそのまま，サイトでの取材のときに．
コ　：うんうん．
応2：えっと，足裏マッサージの資格を取って，子連れで個人宅に行って，
　　　マッサージをしてるっていう人がいたんですけど．
　　　その人は，やっぱり人が集められなくって，その人はやっぱり子連れで
　　　行く代わりに，激安の値段で．
コ　：うんうん，うん．
応2：やってはいるんですけど．
　　　それでも自分でブログでこんなのやってますってアピールしても，
　　　人が集まってくれないと．

　ここでは，一つの会話において，複数の成員カテゴリー化装置が用いられて
いると思われる事例の分析をしてきました．しかし，ここで言及したカテゴリ
ーが参与者たちによって本当にその時に用いられていたといえるのかという点
を説得力を持って裏づけるのはなかなか容易ではありません．実際，成員カテ
ゴリー化装置については，分析者が「参与者の視点に立つ」（第2章）のが特
に難しいと感じられることも多いです．その一方で，会話場面の中での相互行
為の分析だけでなく，これらの会話場面が埋め込まれている活動についてのよ
り広範な視野でのフィールド調査を通じて，調査者が「参与者の視点」に徐々
に近づいていくことが可能になるという面もあります[16)]．

---

16) 詳しくはシリーズ「フィールドインタラクション分析」の1冊である高梨（2018）もご覧く
　　ださい．

第7章
関与配分：会話を取り巻く活動

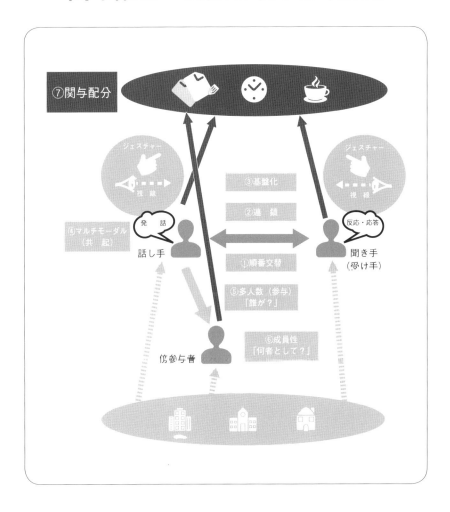

【A：理論編】

　第6章で焦点とした参与の「動機」という観点が，日常生活場面での自然な会話に伴う，どちらかといえば社会的な複雑さに関わっていたのに対して，本章では，自然に生起する会話に伴う認知的な複雑さを焦点とします．実験室環境で行われる会話では，会話の開始や終了は参与者ではなく実験者によって決められており，一旦会話が開始されてしまうと，参与者は会話だけに集中することになるのが一般的です．これに対して，日常生活の中で，会話はいつ始まるでしょうか？　おそらくそれは，例えば自分自身が誰かに話さなければならない用件などを思いついて相手に話しかけることによる場合や，逆に自分に対する用件などを思いついた他者から話しかけられることによってでしょう．この「話しかける／話しかけられる」という現象から分かることは，会話には内部だけでなく，これを取り巻く外部もあるということです．つまり，会話はこれを取り巻く日常生活場面における会話以外の諸活動とうまく両立させることによってはじめて可能になるものなのです．そこで，本章では，会話という活動と会話以外の活動との間の「関与の配分」という観点に着目していきましょう．

A-1　日常生活環境に埋め込まれた会話

　本書のこれまでの流れを振り返ってみましょう．まず，第1部では，順番交替（第1章）と連鎖関係（第2章）という会話の最も重要な骨格を扱いましたが，そこでは二人の参与者の間での言語による会話に焦点を限定していました．第2部では，まず第4章において，言語に伴って生じる非言語行動を含むマルチモーダル性を，そして第5章では，会話の参与者が二人ではなく三人以上になる多人数会話を取り上げました．その際の戦略は，第1部で導入した会話の骨格に関する理論を基にしてこれを「拡張」することでした．同様に，第3部の前半の第6章でも，第5章で取り上げた参与役割に関する理論を，参与者の成員性という観点を追加することによって「拡張」するものでした．このように，話し手と（一人の）聞き手との間の言語によるやり取りを出発点として，そこに非言語行動や三人目の参与者，各参与者の成員性といった観点を徐々に追加していくというアプローチは「会話の内側から外側へ」のアプローチであ

ったといえます．この方向性は，話し手による言語的発話を最も重要な分析対象と考えるであろう言語学的な立場や，コミュニケーションにおける中心的な現象を発信者によるメッセージの送信と考えるその他の多くのコミュニケーション関連の分野の立場からは理解しやすいものだといえます．情報学の分野でも，自動音声認識や言語処理などの「音声言語情報処理的アプローチ」はこちらに分類されます（坊農・高梨 2009）．

　しかし，その一方で，第6章において参与役割を成員性という観点から理解することによって見えてきたことは，会話は会話外の世界とつながっており，これに支えられているということです．その意味では，会話は日常生活場面において進行しているさまざまな個人的・共同的な活動の文脈の中から，必要なときだけ立ち現れてくる一時的な出来事なのかもしれません．この点に関しては，例えば情報学の分野では，生活環境内での会話の自然な発生状況などをユビキタスセンサ技術などによって把握しようとする動向もあります．こうした方向性は「会話の外側から内側へ」のアプローチであるといえるでしょう．この方向性は，情報学のみならず，会話という活動が日常生活環境の中で果たしている役割について考察する際には広く求められるものだといえます．このように会話を日常生活環境に埋め込まれたものと捉える視点は，エスノメソドロジーや会話分析の流れをくむ「ワークプレイス研究」（Heath & Luff 2000, Luff et al. 2000）を中心として盛んになりつつあります．

　そこで，理論編の以下の部分では，社会学者 E・ゴフマン（Goffman, E.）の考察を基にして，会話とこれを取り巻く日常生活場面とのかかわりについて考えましょう．

A-2　狭義／広義の相互行為

　「相互行為（インタラクション）」という用語は「コミュニケーション」と似たような意味で用いられることも多いですが，ゴフマンは相互行為を焦点の定まっているもの focused と焦点の定まっていないもの unfocused に二分しました（Goffman 1963）．

　まず，「焦点の定まった相互行為」は，対面的かかわり（engagement）あるいは出会い（encounter）とも呼ばれていますが，同じ状況に居合わせた二人以

図7-1 会話以外の相互行為での身体姿勢の相互調整（関口（2012）より引用）

上の参与者が単一の相互的活動と感じられるような単一の認知的・視覚的注意を共同で維持しようとするすべての状況が含まれます[1]. 最も分かりやすいのは会話ですが，キャッチボールや社交ダンスなどの非言語的な活動も含まれることになります．言語を中心に考えるならば，会話とキャッチボールや社交ダンスなどとは全く違う活動のように見えますが（なので，言語学者は普通はキャッチボールや社交ダンスなどは分析対象としません），「焦点」すなわち「単一の認知的・視覚的注意を共同で維持している」という観点からは，言語が中心であるかどうかは必ずしも最も重要な相違点とはならないことが分かります．なお，焦点の定まった相互行為では，「単一の認知的・視覚的注意を共同で維持する」ことが不可欠ですので，参与者が当該の活動に合わせて身体方向を互いに調整しあうF陣形などの現象が多く観察されます（坊農 2009）．もちろん，こうした身体姿勢の相互調整は会話以外の焦点の定まった相互行為でも見られます（図7-1）．

　第4章の分析編では，ポスター会話の分析の際，説明者の発話を中心にするのではなく，参与者間の視線状態を出発点とする分析の方法もありうることを示しましたが，これも「単一の認知的・視覚的注意を共同で維持する」という観点から理解できるものだということが分かります．

　本書ではこれまで，基本的に焦点の定まった相互行為を分析してきましたが，これに対して，ゴフマンは「焦点の定まっていない相互行為」という現象にも注意を払っています．焦点の定まっていない相互行為は，例えば電車の中のように人々がただ同じ時間に同じ場所に共在co-presenceしているだけのように

---

1) 第3章で取り上げたクラーク（Clark 1996）の基盤化でも，「継続的注意」が最も規定的なレベルのものとして挙げられていましたね．

見える状況で観察されます. まず, 共在とは, 各主体[2] が行っていることが相手に知覚され, また知覚されているという感覚も知覚されるほどに近接している状況を指します. では, ゴフマンがこうした状況でも「相互行為」が起こっているとあえて考えたのはどのような理由によるのでしょうか?

　例えば, 電車の中で周りを見回すと, 一人で乗っている人の多くはスマホをいじっている, 本や雑誌を読んでいる, 居眠りをしているということが多いですが, こうした一見個々人が互いにバラバラな個人的活動を行っているように見える場面でも, これらの人々が共通して行っている「見えない」行為があります. それは, 「周囲の人々の様子を伺う際には互いに目が合わないようにする」という行為です. もちろん, これは「○○しないようにする」という消極的な行為ですので, 観察しにくいのですが, 例えば周囲を一瞥した際に相手と偶然目が合ってしまうと気まずい思いをし, すばやく目をそらせる, といった, おそらく誰もが持っている経験からは, 人々が焦点の定まった相互行為へ移行しないという状態を注意深く維持しているということが分かります. このように, 電車やカフェの中のような知らない人同士が共在する公共空間では, 儀礼的無関心 civil inattention という一種の社会的な規範が見られます. これがゴフマンがあえて焦点の定まっていない「相互行為」をいう呼び方をしている理由です.

　共在状況は, 知らない人同士が共在する公共空間だけでなく, 家庭や学校, 職場の中のように, 多くの主体が互いに知り合い同士の状況でも見られます. こうした場合には, 公共空間の場合ほど強い儀礼的無関心は必要ではありませんが, かといって, 知り合い同士が共在している場面では必ず常に互いに会話 (や他の焦点の定まった相互行為) をしているというわけでもありません. そして, この点から分かるのは, 世の中で行われている会話の中には, 会議などのように, 「会話のために共在状況が生み出される」ものだけでなく, 会話とは別の理由で生じていた共在状況の中から一時的に会話が生まれてくるという場合もある, ということです. こうした場面では, 上述のような「会話の外側から内側へ」という視点が重要になります[3].

---

2) ここで「参与者」という用語を用いてしまうと, 焦点の定まった相互行為が起こっているかのような誤解を招きますので, 「主体」というより広い概念を用いることにしました.

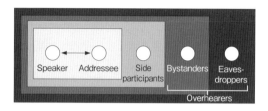

図 7-2　聞き手の参与役割の区別（第 5 章の図 5-1 を再掲）

　このような共在環境の中の一部として会話が含まれるという二重構造は，第5章で導入した同じくゴフマンによる聞き手の参与役割の議論とも合致していることが分かります（図 7-2）．

- ●会話への参与を承認された ratified 者：
- – アドレスされた者（受け手）addressee
- – 傍参与者 side-participant
- ●参与を承認されていない者＝立ち聞き者 overhearer
- – 傍観者 bystander
- – 盗み聞き者 eavesdropper

　つまり，会話のような焦点の定まった相互行為の参与者が聞き手の分類における「会話への参与を承認された ratified 者」に一致するのに対して，「参与を承認されていない者」のうちの「傍観者 bystander」は焦点の定まった相互行為の参与者ではないが，その参与者たちに気づかれている者であり，「盗み聞き者 eavesdropper」は焦点の定まった相互行為の参与者でもなく，その参与者たちに気づかれてもいない者ということになります．イメージとしていえば，傍観者は食堂などで隣のテーブルに座っている知らない人，盗み聞き者は屋根裏の忍者，といった感じです．本章の分析編では，こうした参与を承認されていない者も含まれている事例の分析を紹介します．

3）この点の好例として，秋谷ら（2009）は，介護施設の利用者がどのようにして職員に「話しかける」かを詳細に分析しています．また，高梨（2015b）では，共在している他者の作業状況を観察することから援助のための相互行為が開始されるさまが取り上げられています．

A-3　関与と関与配分

　前節で述べましたように，ゴフマンは会話のような焦点の定まった相互行為以外の共在環境へも目を向けています．本書では，「参与 participation」を焦点の定まった相互行為に参加することと考えてきましたので，焦点の定まっていない状況での各主体の活動を「参与」と呼ぶのは都合が悪いですね．そこで，こうした場合には，ゴフマンのもうひとつの重要概念である「関与 involvement」という用語を使うことにしましょう[4]．

　ゴフマンによれば，「関与」とは，ある行為（一人でする仕事や会話，協同作業など）に適切な注意を払ったり，あるいは注意を払うのをさし控えたりすることです（Goffman 1963）．ここで重要なのは次の2点です．

- ・ある主体がある瞬間に関与している活動は一つとは限らない．
- ・会話に参与することも関与の一種である．

　まず，1点目の，ある主体が二つ以上の活動に同時に関与している場合についてです．こうした場合，二つ以上の関与の間には，次のような2種類の区別が生じます．まず，当該の主体が認知的により強く関わっているものが主要 main 関与，そうでない方のものが副次的 side 関与となります．また，社会的状況によって課せられる義務という観点からは支配的 dominant 関与と従属的 subordinate 関与が区別されます．同じ会話という活動を焦点として考える場合にも，当該の状況が会議ならば会話が支配的関与となるべきなのに対して，車の運転中の場合には車の運転の方が支配的関与で，会話は従属的関与と見なされます．各行為主体の主要関与はその状況における支配的関与と一致していることが多い（あるいは理想的）ですが，例えば講義の最中に内職に没頭しすぎて講義を聞いていなかったことがバレるといった場面では両者がずれていたことが分かります．

　次に，上記の2点目について考えましょう．上述のように，「関与」という

4）これらの分析概念をテーマとした論文集として片岡ら［編］（2016年秋）が刊行予定です．私も参与と関与に関する分析を寄せています．

概念を会話への「参与」という概念よりも広い概念であると考えるならば,「参与」は「関与」の一種ということになります. そして, この点と 1 点目の「ある主体がある瞬間に関与している活動は一つとは限らない」という考え方とを組み合わせると, 会話の参与者もまた, 会話だけに関与しているとは限らないという可能性が見えてきます. 日常生活場面を振り返ってみても, 学校や職場や家庭などで会話をしているときに, 必ずしも会話だけに専念しているわけではないことが分かりますね.

　参与者が会話中に他の活動にも関与しているという点については, グッドウィンが面白い分析をしています. まず, グッドウィンは, 食事中の会話のデータを分析し, 主たる受け手となっていない参与者は食事という別の活動にもより関与しやすいということを観察しています (Goodwin 1984). また, グッドウィンは, 会話の最中に参与者が「煙草に火をつける」といった別の活動に関与する際には, 会話相手から視線を外すなどのことによって, 一時的に会話への非従事 disengage を示すということを指摘しています (Goodwin 1981：第 3 章). このように, 会話が行われている場面においても, 各参与者が会話以外の活動にも関与しているならば, それぞれの活動への関与をどのように配分しているかを分析することが必要になります.

　なお, こうした関与配分の問題が具体的な非言語行動に分かりやすい形で現れた現象として, 下半身を固定したまま上半身をねじるという「身体ねじり body torque」(Schegloff 1998) が知られています (図 7-3). この姿勢が見られ

図 7-3　身体ねじり（Schegloff（1998）より）

る場合，安定性の高い下半身の方向づけは支配的関与に関係しており，一時的
な上半身の方向づけは従属的関与に関係しています．例えば，宿題をしようと
して机に腰掛けている子どもが後ろから母親に呼びかけられると，子どもは下
半身を勉強机に向けたまま，上半身だけをねじって返事をする，というわけで
す．これ以外にも，姿勢には各主体の関与状態がよく現れますが，詳しくは坊
農（2009）の概説を参照してください．

　より理論的な観点からまとめてみましょう．従来，会話の分析をする際には，
話し手による発話を出発点とすることが多かったため，「会話の中心」に近い参
与者ほど権利も義務も含めてやることが多いということが暗黙の前提になって
いた気がします．しかし，会話が日常生活場面の中のさまざまな活動の文脈の
中に埋め込まれているものであることを考えれば，より周辺的な参与者ほど別
の活動に関与しやすいという考え方もできるかもしれません．そこで，次の分
析編では，会話への承認された参与者以外の主体も含まれる状況において，そ
の場に共在しているさまざまな立場の主体が各自の関与の配分をどのように切
り替えているかを分析してみましょう．

【B：分析編】⁵⁾

　理論編では，会話という分析対象を，日常生活場面において人々が共在している状況の中に埋め込まれたものとしてみることの重要性を見てきました．そこで，この分析編では，複数の主体が共在している場面として，某大学の実験室における実験準備の場面を取り上げます．

B-1　対象場面

　この場面では，10名のメンバーが同じ実験室で翌日行われる実験の準備をしており，複数のグループに分かれて並行的に活動しています．分析対象とした時間帯は，主に実験教示文の作成とスケジュールの検討をしている坂崎，高田，才田，尾上（教示班）と，視線計測装置の点検をしている夏木，間野，筑紫（キャリブレーション班），その他の実験用のボードなどの準備をしている武藤，土田，今立（小道具班）に分かれており，図7-4のように，画面手前に小道具班，奥に教示班がそれぞれ着席しており，キャリブレーション班は右後方で床に座っている時間帯が多かったです．しかし，こうした班分けは特定の監督者によって与えられたものではなく，各自が自分ができる／すべき作業を順次自主的に見い出していくことによって生じた自発的な集まりだったといえます⁶⁾．ビデオ撮影は，2台の固定式のビデオカメラ（無線マイク使用）（カメラ

図7-4　全体配置（カメラ1）

---

5) 本節の執筆に際しては高梨（2011b）を参照しました．

1, カメラ2) の位置を時々変えつつ, 比較的俯瞰的な位置から撮影したのに加え, 1台の移動式カメラとガンマイクを用い, 個別の活動のズーム撮影も行っています (カメラ3).

　はじめに, この場面の特徴を整理しておきましょう (図7-5).

- ・「翌日の実験のための準備」という大目標については, 全員が共有しているものの, そのための複数の活動を分業によって並行して進めなければならない.
- ・分業された各活動の中には, 何らかの合意形成のような複数のメンバーの間での会話によって達成されるものの他にも, 機器の使用法の確認のような, 会話よりも機器の操作に焦点が置かれているものや, 資料などの準備のように言葉を発せずに一人でできるものなど, さまざまなものがある.
- ・メンバーは互いに知り合い同士であり, 複数のサブグループが焦点の定まった相互行為を行っている時間帯が多いものの, 全員が参与する焦点の定まった相互行為が常に中心になっているわけではない.
- ・複数の作業の間には相互関係もあるため, 分業しているサブグループの間での相互行為が必要になることも多いが, これは一方のグループからもう一方のグループへの活動の割り込みによって開始されることが多い.
- ・割り込みによって, 割り込まれた側のグループのメンバーの少なくとも一部が割り込みによって開始された活動の参与者になるが, 全員というわけではなく, 一部のメンバーは割り込まれる前に行っていた活動を継続・再開したり, 別の活動を開始したりすることができる.
- ・このように, 双方のグループの各メンバーは, 割り込みによって開始された新たな活動と割り込まれる前に行っていた活動への関与配分を調整しなければならない.

---

6) 翌日の実験でも各自が複数の役割を分担することが想定されており, また過去の実験から, 各自の分担はある程度予想されてはいましたが, 実際の具体的な分担はこの日の一連のやりとりを通じて徐々に決められていきました.

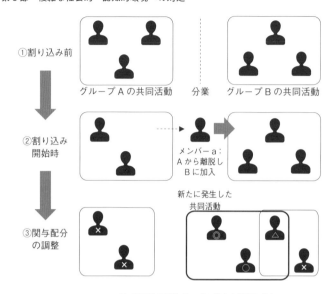

①割り込み前

グループ A の共同活動　　分業　　グループ B の共同活動

②割り込み
開始時

メンバー a：
A から離脱し
B に加入

新たに発生した
共同活動

③関与配分
の調整

◎：割り込み開始者，　○：新たな活動に参与，
△：両方の活動に参与，×：元の（or 別の）活動に参与

図 7-5　割り込みを含む活動の流れ

B-2　事例 1：被験者リスト確認

　事例 1（図 7-6）では，キャリブレーション班が視線計測装置をテストして
いましたが，その中で，4 台のうちの 1 台のレンズの視野が狭いということが
問題になりました（B02）．間野の B06「どっ，サバイバル課題（では）絶対使
うんですよね？」と夏木の B07「どっちで絶対使うんだっけ？」はこの機器の
使用が避けられない実験が 4 回のうちのどれであるかを巡ってのやりとりです．
この夏木の発話に対し，筑紫はすかさず「サバイバル課題」と答えたのですが
（B08），夏木はこの回答を待たず，自身の発話と同時に立ち上がり，装置を装
着したまま，教示班のところへ一人で移動し始め，間野もすぐにこれに追従し
ます．ここで夏木と間野は一時的にキャリブレーション班の活動の輪から抜け
ることになります．

　図 7-7 は夏木が教示班の会話に割り込み，「4 人ってどれでしたっけ？」と質
問した瞬間のものです（A02）．この時，教示班では，才田が担当する加速度セ

［教示班］　　　　　　　　　　　　　　　　　　［キャリブレーション班］

⇒B01 夏木：でも，これ，真正面なんですけど，画面（が）
　　　　　映ってないんですよ
B02 筑紫：あーん，そっか．44，やっぱり狭いねえ．
　　　　　（（夏木の手元の小型ディスプレイを覗き
　　　　　込んで））

（（加速度センサーの個数と装置位置についての議論
が行われているが，省略））

B03 夏木：ちょっと，座って見返して，
　　　　　（（夏木と筑紫が椅子の位置を変えて着席））
B04 夏木：や，こんぐらいの距離ですよね，たぶん．
B05 筑紫：（ベスト）
B06 間野：どっ，サバイバル課題（では）絶対使うん
　　　　　ですよね？

A01 才田：全部15個を，5個のパソコンで収録して
　　　　　ったんで：，（そんときは）こう，急いで
　　　　　：全部こう，やって，全部収録できるか
　　　　　って全部パソコン確認してたんで，

B07 夏木：どっちで絶対使うんだっけ？
　　　　　（（立ち上がり坂崎らのもとへ））
B08 筑紫：サバイバル課題．

割り込み

⇒A02 夏木：4人って［図7-7］どれでしたっけ？（（坂崎の手前の紙を確認しながら））
A03 坂崎：うーんと，ここ．（（ペンで紙の該当箇所を指す））
A04 夏木：砂漠？
A05 坂崎：砂漠．
A06 夏木：砂漠が4人．（（夏木は立ち去ろうとする））
A07 間野：Nacの（………）両方使うつもりですか？（（夏木と入れ替わり坂崎に質問））
A08 坂崎：ん？
A09 間野：レンズの視野が，狭いんです．（（夏木が装着中のアイマークを指しながら））

図7-6　事例1：被験者リスト確認

高田　　　尾上　　　才田　　　夏木

坂崎

図7-7　四人って（カメラ3）

ンサーの装着個数と位置などについて，坂崎が質問し才田が回答するやりとり
が続いており，夏木による割り込みの瞬間には才田が坂崎に視線を向けて A01
の発話を行っていました．つまり，キャリブレーション班の側の立場からは自
分たちにとっての問題を速やかに解決しようとするものとして理解できる夏木
のこの行為は，別の活動を行っていた教示班から見ると明らかな割り込みに見
えることになります[7]．参与役割の観点からいえば，この発話を開始するまで，
夏木はそもそも教示班の会話の「承認された参与者」ではなく，この会話の外

部から到来したことになります.

　さて, この割り込みによって, 夏木と坂崎の間で紙の資料を指しながらの確認作業という新たな活動が開始されることになりました. ここで本章の観点から興味深いのは, この新たな活動に坂崎が参与することになったあと, 教示班に残された高田と才田がどうなったのかという点ですが, 夏木「砂漠?」(A04) と坂崎「砂漠」(A05) の確認連鎖に重複する形で, 高田は才田に向けて,「加速度」から始まる発話を開始することによって (この発話の以降の部分は重複により聞き取れない), 元の教示班の話題を2人だけで再開させていました. このように, 割り込まれた側のグループの参与者は, 必ずしも全員が割り込みによって開始された新たな会話に加わるとは限らず, この新たな活動と元の活動 (あるいはさらにこれらとは別の活動) のいずれに参与すべきかという, 関与配分に関する選択を各自が行っていることが分かります.

　同様に, 割り込み活動を開始した夏木自身でさえも, この確認作業が終わるや否や,「砂漠が4人」(A06) と独り言のような発話をしながらこの活動から速やかに離脱しようとします. つまり, 元々キャリブレーション班で作業をしていた夏木にとって, 自身の課題が解決した後まで教示班の会話にとどまり続ける理由はないわけです. しかし, 今度は当初夏木に追従する形でこの確認作業に加わることになった間野が, この作業に続けて次のやり取りを坂崎との間で開始します (A07). つまり, 割り込み開始時には割り込みによって開始された会話の傍参与者だった間野が, 今後はこの会話の話し手になるわけです. これにより, 一旦この割り込み活動の場から離脱しかけていた夏木は, 今度はこの会話の傍参与者として, 引き続きその場にとどまることになりました. 他方, キャリブレーション班のもう一人のメンバーであった筑紫は, そもそもはじめからこの新たな活動には参加しておらず, おそらくキャリブレーション班の元の活動を継続していたものと思われます. このように, 坂崎以外の教示班のメンバーが, 割り込みによって開始された会話と元の会話のどちらに関与すべきかを判断していたのと同様に, キャリブレーション班の三人も, 新たなに開

---

7) この分析編の元になった高梨 (2011b) での分析の焦点はこうした割り込みがいかにして達成されるかという点にありますが, ここではこの論点は扱いません.

始された活動と元の活動のどちらに関与すべきかをそれぞれに判断しているこ
とが分かります．こうした現象は参与者全員が一つの会話のみに参与しており，
他の活動には関与していない状況では観察されないものですが，われわれの日
常生活場面では案外よく見られるものなのではないでしょうか．

B-3　事例 2：キャリブレーション順序

　次に，事例 1（図 7-6）と同様，あるグループから別のグループへの活動の割
り込みが起こっているものの，割り込みの性質が少し異なる事例を見てみまし
ょう（図 7-8）．

```
01  坂崎：アニメを見るのは記憶課題なので：，えー，なるべくすぐに：，えーと，会
          話に行かないと：まずいじゃないですか．
02  高田：［そうですね．
03  坂崎：［その一方でキャリブレーションに関しても：，えーとなるべく：，本収録
          の前にキャリブレーション：やりたいわけで：，
04  高田：はい．
05  坂崎：どっちも本収録の直前にしたいんですけど，じゃあどっちを先にするんで
          すかって話が［あるんで：，
06  高田：　　　　　　　［うーん．
        ：キャリブレーション入っちゃうとちょっと時間空いちゃうんじゃない，ア
          ニメ見たとこから．：（（視線を才田に向けて））
07  才田：（・・・）
⇒08  坂崎：でも，キャリブレ，キャリブレーション班［図 7-4］［図 7-9］はきっと：，
          キャリブレーションを直前にして：くれっていう，（（背後の筑紫，夏木，間
          野のグループを指しながら））
09  高田：［そうですねえ．
10  筑紫：［そうです，そうです．
11  坂崎：（（椅子をやや後退させ，筑紫らの方に上半身を向けながら））どう，どうし
          よう，それ．［図 7-10］
          （（筑紫が坂崎や才田らの方に向いて座り直す））
12  才田：いや，キャリブレーションした後でアニメ見てもらった方がいいんじゃな
          いですか？それは．
          （（この間，才田が考えた手順の説明があるが，中略））
33  坂崎：あそっかそっか，どのみちキャリブレーションにはタイムラグがあるわけ
          だから：，
34  才田：はい．
35  坂崎：説明者が先に，キャリブレーションしたら，［アニメを見に行って，
36  才田：　　　　　　　　　　　　　　　　　　　　［見て（・・・）（（三研への移
          動を表すジェスチャーと共に））
```

図 7-8　事例 2：キャリブレーション順序

37	坂崎：	その後で ［聞き手役がキャリブレーションする,
38	高田：	［そっかそっかそっか.
39	坂崎：	ちょっとその流れをどっかに書いといて ［もらっていい？［図7-11］
40	筑紫：	［うん.：((小声で，キャリブレー
		ション班の方に上体と視線を戻しながら))
41	才田：	あはい.

図7-8　事例2：キャリブレーション順序（つづき）

　翌日の実験ではアニメーションを見た被験者が見ていない被験者に内容を説明する「アニメーション再生課題」が行われる予定になっており，教示班の目下の会話では，その際の手順として，視線計測装置の装着とビデオ提示のどちらを先に行うべきかが議論されています.

　図7-4と図7-9はともに，転記（図7-8）中の坂崎の08中の「キャリブレーション班は」の直後のものです．右手のポインティングの先は見にくいですが（図7-9丸印），坂崎は椅子に腰かけ，下半身の方向は変えずに右肩だけを後方に開き，ポインティングをしています．しかし，その際の視線は教示班の高田に向けられていることから（図7-9矢印），「キャリブレーション班」という表現は発話をキャリブレーション班の誰かにアドレス（第5章）するためのものというよりも，第三者（高田）に向けられた指示表現と見なすべきものといえ

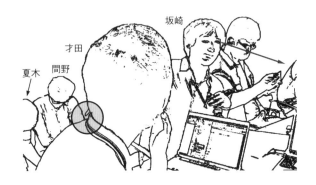

図7-9　キャリブレーション班は（カメラ3）

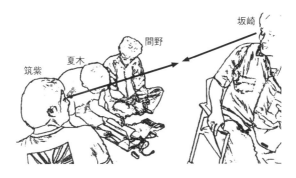

図 7-10　どうしよう（カメラ 3）

るでしょう.

　さて，この事例で興味深いのは，この坂崎の 08 に対して，発話を向けられた教示班の高田が応答しているだけでなく（09），背後のキャリブレーション班の筑紫も「そうです，そうです」（10）と反応している，という点です．坂崎の方もまた，この筑紫の応答の直後に，改めて椅子を引いて上半身をねじって（理論編 A-3），視線を筑紫の方に向けます．さらに，筑紫も坂崎に視線を向け（図7-10），直後に坂崎の方に少し角度を変えて座り直します.

　おそらくこうした一連の微細なやり取りの発端は，筑紫が隣のグループでのポインティングに気づいたあと，その発話内容をモニターしており，この発話で言及された「キャリブレーション班」のメンバーとしての反応を示したということにあるでしょう．ただ，逆の見方をすれば，そもそもの坂崎のポインティング自体が，もし教示班にしか関わらないものであるならばこれほど大きな動きである必要はなかったとも考えられますので，これは「キャリブレーション班は」という間接的言及と同様，キャリブレーション班のメンバーに気づかれる可能性を見越したものであったという可能性も否定できません．その意味で，事例 1（図 7-6 および図 7-7）とは異なり，この事例では必ずしも坂崎と筑紫のどちらかが一方的に他方のグループの活動に割り込んだとはいいにくいところです.

　このことから分かる，理論的により興味深い点は，隣り合って作業をしているグループ間では，たとえ分業が行われていたとしても，それぞれの活動が互

いに完全に閉じているわけではなく，その境界部分は外部に向けて開かれている場合もあるのではないか，という点です．この点を理論編で導入した概念を用いて言い換えてみましょう．

　まず，参与役割の観点からは，こうした共在環境では，各メンバーは単に自身のグループの活動の参与者であるだけでなく，他のグループの活動にとって，「参与を承認されていない聞き手」となりうる可能性があるということです．この事例 2（図 7-8）に関していえば，08 の時点で，筑紫はキャリブレーション班の「承認された参与者」であると同時に，教示班の会話の「立ち聞き者」でもあり，この会話の参与者との間にも「焦点の定まっていない相互行為」が存在していたと考えることができます．こうした場面は，例えば職場で隣の席の同僚同士の会話を聞いていて，あるときからその輪に加わるようになるといった場面や，家庭においてリビングで会話をしている子供同士の会話を台所で作業をしているお母さんも聞いているといった場面など，われわれがごく日常的に経験している状況なのではないかと思われます．

　次に，関与という観点からいえば，承認されていない聞き手としてあるグループの会話に注意を向けているという状態は，自身が主に関与している活動以外にも，この隣の会話に副次的に関与しているということです．そして，例えばリビングで会話をしていた子供たちが喧嘩を始めたら，台所にいたお母さんはすばやく駆けつけるでしょう．このように考えるならば，さまざまな日常生活環境においては，自身が主に関与している活動のみに没頭しすぎないことも重要であるといえるでしょう．会話を人々が共在している日常生活環境に埋め込まれた活動のひとつと捉えるならば，さまざまな活動の中から会話だけを分析対象とすることには落とし穴もあるということが分かるのではないかと思います．

　最後に，事例 1（図 7-6）と同様，この事例についても，割り込みによって開始された新たな活動に対して，他のメンバーがどのように関与配分を調整していたかを見ておきます．12 以降の会話の流れを見れば分かるように，ここで新たに生じた装置装着とアニメーション視聴の順序に関する問題は，結局は元々教示班のメンバーだった才田と坂崎の間で解決され，この話題の最後の部分で，坂崎が才田に「ちょっとその流れをどっかに書いといてもらっていい？」と指

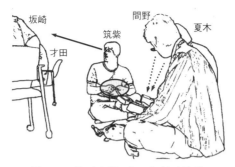

図7-11　どっかに書いといて（カメラ2）

示することによって終了します（39）．しかし，筑紫はこの間も教示班の会話に時々視線を向けています（図7-11実線矢印）．かといって，キャリブレーション班での元の活動を完全に中断しているわけではなく，ネジを緩めるといった単純な副次的関与を続けながら（図7-11丸印），時々手を止めて教示班の会話に集中しているように見えます．この姿勢は坂崎の39の最中に「うん」と言って（40），視線と姿勢をキャリブレーション班の活動の中心に向け直すまで続いていました．このように，関与配分の調整の仕方としては，元の活動と新たな活動のどちらに関与するかを選択するという方法だけでなく，同時進行する二つ以上の活動の両方に関与し続けるという方法もあることが分かります（図7-5）．なお，この事例では，キャリブレーション班の3人のうち，教示班の会話に明確に加わったのは筑紫のみで，夏木と間野は床上に置かれた視線計測装置とマニュアルを操作しながらそれまでの活動を継続しており，この話題の終結部分でも，教示班の会話に視線を向けることなく，装置に関する作業を継続していていました（図7-11点線矢印）．

B-4　まとめ

この分析編では，焦点の定まっていない（0個の）相互行為場でも，焦点の定まった（一つだけの）場でもなく，焦点の定まった相互行為が複数並存している（Multi-focused, Goffman 1963）状況において生じる活動の割り込みに着目しました．割り込みに関しては，これを開始する発話が割り込まれた会話の順番交替や連鎖関係の中でどのような特徴を持っているかという点も理論的に

重要ですが（Egbert 1997），今回の分析では，割り込み活動の中心的な参与者
だけでなく，一見するとこの活動に加わっているようには見えない参与者の振
る舞いにも目を向けることを意識しました．日常生活環境においては，各主体
はたとえ会話を行っているように見える場合にも，会話以外の活動にも関与し
ている可能性がありますので，会話がこれを取り巻く他の活動などとどのよう
に関連しているかにも目を向けることが重要になります．

転記記号

，．　？	平板，下降，上昇音調（ある程度の発話休止を伴う）
：	音声の引き伸ばし
（言葉）	聞き取りが不確実
（・・・）	発話内容が聞き取れない
[	一つの会話内での重複発話開始位置
⇒	割り込み開始発話
（（　））	非言語行動の記述や著者による注釈

あとがき

　本書では，会話分析という分野の知見を多く参照しましたが，本書の目的は会話に固有の秩序の解明を「目的」とする，社会学の一部としての会話分析とは異なります．これは統計学などと比較してみると分かりやすいかもしれません．世の中にはもちろん統計学の「専門家」という人たちもおり，統計学自体の発展のために努力していますが，こうした専門家とは別に，統計学にはさまざまな学問分野や社会領域での「ユーザ」が，専門家の数の何十倍も（あるいは何万倍も）います．もちろん，これらの「ユーザ」が統計学を利用するやり方の中には，専門家から見れば必ずしも適切でないものもあるかもしれません．しかし，はっきりいえるのは，統計学の知見はさまざまな分野・領域で有用だと認識されているということです．私が会話分析という分野に対して感じるのはこの「有用さ」です．私は会話分析の「専門家」とは別に，会話分析の「ユーザ」が増えることが（学問分野にとどまらず）社会的に非常に重要だと考えています．個人的には，総合大学ならば少なくとも1コマは「会話分析入門」の授業があるというぐらいのことがあった方がよいのではないかと思います．

　そのため，本書では，会話分析の諸概念について，相当単純化した説明を試みました．「専門家」から見ればおよそ納得しがたいほど単純化していると感じられる部分もあるかもしれません．しかし，専門家ではなく「ユーザ」になりたい人たちにとっては，かえって十分に有用なものになっているのではないかと考えています．専門家を目指したい方は，今後はより専門的な文献などに当たったり，専門家のコミュニティにアクセスするとよいと思います．そうすると，ひょっとすると本書に書かれていたことが誤りだったと思い始める時が来るかもしれません（もちろん，そうしたことがなるべく少なくなるよう気をつけたつもりですが）．しかし，そうした認識に至る通過点としてでも，本書が役立ったのだとすれば，それはそれで意味のあることだと思いますし，またそうした学習の順序の方が健全だと私自身は考えています．

　本書は2014年9月5日に大阪大学豊中キャンパスで開催された第9回話しことばの言語学ワークショップでの講演内容をもとにしています．主催者の横

142

森大輔氏（九州大学）と秦かおり氏（大阪大学），およびご聴講いただき，ご意見をお聞かせいただきました参加者の方々にお礼申し上げます．また，分析編で紹介した研究の共著者の皆さまにもお礼申し上げます．本書の特に第 3 部の研究は，JST 戦略的創造研究推進事業さきがけ「多人数インタラクション理解のための会話分析手法の開発」の一環として行われました．最後に，雑事にかまけて，なかなか執筆の進まない筆者を辛抱強く叱咤激励してくださいました，ナカニシヤ出版の米谷龍幸氏と由浅啓吾氏に感謝いたします．

参考文献

秋谷直矩（2013）.「観察のための撮影」南出和余・秋谷直矩［編著］『フィールドワークと映像実践―研究のためのビデオ撮影入門』ハーベスト社, pp.37-64.

秋谷直矩（2016）.「想定された行為者―プラン設計におけるユーザー概念使用の分析」酒井泰斗・浦野　茂・前田泰樹・中村和生・小宮友根［編］『概念分析の社会学2―実践の社会的論理』, pp.240-258.

秋谷直矩・川島理恵・山崎敬一（2009）.「ケア場面における参与地位の配分―話し手になることと受け手になること」『認知科学』, **16**(1), 78-90.

Antaki, C. (1994). *Explaining and Arguing: The Social Organization of Accounts*. Sage.

Austin, J. L. (1962). *How to Do Things with Words*. Oxford University Press.（坂本百大［訳］(1978).『言語と行為』大修館書店）

坊農真弓（2009）.「F陣形」坊農真弓・高梨克也［編］『多人数インタラクションの分析手法』オーム社, pp.172-186.

坊農真弓（2010）.「手話会話における分裂―視覚的インタラクションと参与枠組み」木村大治・中村美知夫・高梨克也［編著］『インタラクションの境界と接続―サル・人・会話研究から』昭和堂, pp.165-184.

坊農真弓（2013）.「手話三者会話における身体と視線」『日本語学』, **32**(1), 46-55.

坊農真弓・鈴木紀子・片桐恭弘（2004）.「多人数会話における参与構造分析―インタラクション行動から興味対象を抽出する」『認知科学』, **11**(3), 214-227.

坊農真弓・高梨克也［編著］（2009）.『多人数インタラクションの分析手法』オーム社

常志強・高梨克也・河原達也（2008）.「ポスター会話におけるあいづちの形態的・韻律的な特徴分析と会話モード間との相関の分析」『人工知能学会資料　SIG-SLUD-A802』, 7-13.

常志強・高梨克也・河原達也（2009）.「ポスター会話におけるあいづちの韻律的特徴に関する印象評定」『人工知能学会研究会資料　SIG-SLUD-A901』, 31-36.

Clancy, P. M., Thompson, S. A., Suzuki, R., & Tao, H. (1996). The conversational use of reactive tokens in English, Japanese, and Mandarin. *Journal of Pragmatics*, **26**, 355-387.

Clark, H. H. (1996). *Using Language*. Cambridge University Press.

Clark, H. H. & Brennan, S. E. (1991). Grounding in communication. In Resnick, L. B., Lovine, J. M. & Teasley, S. D. (eds.) Perspectives on Socially Shared Cognition. *The American Psychological Association*. 127-149.

大坊郁夫［編著］（2005）.『社会的スキル向上を目指す対人コミュニケーション』ナカニシヤ出版

伝　康晴（2009）.「隣接ペア」坊農真弓・高梨克也［編］『多人数インタラクションの分析手法』オーム社, pp.82-94.

伝　康晴（2015）.「対話への情報付与」小磯花絵［編著］『講座日本語コーパス3―話し言葉コーパス―設計と構築』朝倉書店, pp.101-130.

Den, Y., Yoshida, N., Takanashi, K., & Koiso, H. (2011). Annotation of Japanese response tokens and preliminary analysis on their distribution in three-party conversations. *Proceedings of the 14th Oriental COCOSDA*, 168–173.

Devlin, K. (1999). *Infosense: Turning information into knowledge*. W. H. Freeman & Company.

Egbert, M. M. (1997). Schisming: The collaborative transformation from a single conversation to multiple conversations. *Research on Language and Social Interaction*, **30**(1), 1–51.

榎本美香 (2007a). 「発話末要素の認知と相互作用上の位置づけ」串田秀也・定延利之・伝康晴［編］『文と発話3―時間の中の文と発話』ひつじ書房, pp.203–230.

榎本美香 (2007b). 「日本語におけるターン構成単位の認知メカニズム」『社会言語科学』, **9**(2), 17–29.

榎本美香 (2009). 『日本語における聞き手の話者移行適格場の認知メカニズム』ひつじ書房

榎本美香・伝康晴 (2003). 「3人会話における参与役割の交替に関わる非言語行動の分析」『人工知能学会研究会資料 SIG-SLUD-A301』, 25–30.

榎本美香・伝康晴 (2006). 「3人会話における発話交換構成員の推移の分析」『社会言語科学会第17回大会発表論文集』, 12–15.

榎本美香・伝康晴 (2011). 「話し手の視線の向け先は次話者になるか」『社会言語科学』, **14**(1), 97–109.

Fox, B. A., Hayashi, M., & Jasperson, R. (1996). Resources and repair: a cross-linguistic study of syntax and repair. In Ochs, E., Schegloff, E. A., & Thompson, S. A. (eds.). *Interaction and grammar*. Cambridge University Press, pp.185–237.

Gardner, R. (2001). *When listeners talk*. John Benjamins.

Goffman, E. (1963). *Behavior in public places: Notes on the social organization of gatherings*. Free Press.（丸木恵祐・本名信行［訳］(1980). 『集まりの構造―新しい日常行動論を求めて』誠信書房）

Goffman, E. (1981). *Forms of talk*. University of Pennsylvania Press.

Goodwin, C. (1981). *Conversational organization: Interaction between speakers and hearers*. Academic Press.

Goodwin, C. (1984). Notes on story structure and the organization of participation, In Atkinson, J. M., & Heritage, J. (eds.), *Structures of social action: Studies in conversation analysis*. Cambridge; New York: Cambridge University Press, pp.225–246.

Goodwin, C. (1986a). Audience diversity, participation and interaction. *Text*, **6**(3), 283–316.

Goodwin, C. (1986b). Between and within: Alternative sequential treatments of continuers and assessments. *Human Studies*, **9**, 205–217.

Goodwin, C., & Goodwin, M. H. (1987). Concurrent operations on talk: Notes on the interactive organization of assessments. *IPRA Papers in Pragmatics*, **1**(1), 1–54.

初鹿野阿れ・岩田夏穂 (2008)．「選ばれていない参加者が発話するとき―もう一人の参
　　加者について言及すること」『社会言語科学』，**10** (2)，121–134.

Hayashi, M. (2003)．*Joint utterance construction in Japanese conversation.* John
　　Benjamins.

Heath, C., Hindmarsh, J., & Luff, P. (2010)．*Video in qualitative research: Analysing
　　social interaction in everyday life.* Sage.

Heath, C., & Luff, P. (2000)．*Technology in action.* Cambridge University Press.

Heritage, J. (1984)．A change-of-state token and aspects of its sequential placement.
　　In Atkinson, J. M., & Heritage, J. (eds.)，*Structures of Social Action: Studies in
　　Conversation Analysis.* Cambridge University Press, pp.299–345.

Heritage, J. (2002)．Oh-prefaced responses to assessments: A method of modifying
　　agreement/disagreement. In Ford, C., Fox, B., & Thompson, S. (eds.)．*The
　　language of turn and sequence.* Oxford University Press, pp.196–224.

Heritage, J., & Raymond, G. (2005)．The terms of agreement: Indexing epistemic
　　authority and subordination in assessment sequences. *Social Psychology
　　Quarterly,* **68**, 15–38.

平本　毅 (2017)．「成員カテゴリーと経験の語り」串田秀也・平本　毅・林　誠『会話
　　分析入門』勁草書房

堀口純子 (1988)．「コミュニケーションにおける聞き手の言語行動」『日本語教育』，**64**,
　　13–26.

細馬宏通 (2009)．「ジェスチャー単位」坊農真弓・高梨克也［編］『多人数インタラク
　　ションの分析手法』オーム社，pp.119–136.

細馬宏通・菊地浩平［編］(2019)．『ELAN 入門』ひつじ書房

石崎雅人・伝　康晴 (2001)．『言語と計算 3―談話と対話』東京大学出版会

張承姫 (2014)．「相互行為としてのほめとほめの応答―聞き手の焦点ずらしの応答に注
　　目して」『社会言語科学』**17** (1)，98–113.

Jefferson, G., & Schenkein, J. (1978)．Some sequential negotiations in conversation:
　　Unexpanded and expanded versions of projected action sequences. In Schenkein,
　　J. (ed.)．*Studies in the organization of conversational interaction.* Academic
　　Press, pp.155–172.

神尾昭雄 (1990)．『情報のなわ張り理論―言語の機能的分析』大修館書店

片岡邦好・池田佳子・秦 かおり［編］(2017)．『コミュニケーションを枠づける―参
　　与・関与の不均衡と多様性』くろしお出版

Kawahara, T., Setoguchi, H., Takanashi, K., Ishizuka, K., & Araki, S. (2008)．Multi-
　　modal recording, analysis and indexing of poster sessions. INTERSPEECH 2008,
　　1622–1625.

Kendon, A. (1967)．Some functions of gaze-direction in social interaction. *Acta
　　Psychologica,* **26**, 22–63.

Kendon, A. (1990)．Spatial organization in social encounters: The F-formation
　　system. In Kendon (ed.)., A. *Conducting interaction: Patterns of behavior in*

focused encounters. Cambridge University Press, pp.209–237.

Kendon, A.（2004）. *Gesture: Visible action as utterance*. Cambridge University Press.

菊地浩平（2015）.「映像解析ソフトウェア「ELAN」」小磯花絵［編著］『講座日本語コーパス 3―話し言葉コーパス―設計と構築』朝倉書店，pp.168–180.

小磯花絵（2006a）.「『日本語話し言葉コーパス』を用いた対話と独話の比較―韻律的特徴に着目して」『社会言語科学会第 17 回大会発表論文集』, 190–193.

小磯花絵（2006b）.「『日本語話し言葉コーパス』を用いた対話と独話の比較―統語的特徴に着目して」『社会言語科学会第 18 回大会発表論文集』, 208–211.

工藤　力（1999）.『しぐさと表情の心理分析』福村出版

串田秀也（1999）.「助け舟とお節介―会話における参与とカテゴリー化に関する一考察」好井裕明・山田富秋・西阪　仰［編著］『会話分析への招待』世界思想社，pp.124–147.

串田秀也（2006）.『相互行為秩序と会話分析―「話し手」と「共−成員性」をめぐる参加の組織化』世界思想社

Lambrecht, K.（1994）. *Information structure and sentence form: Topic, focus, and the mental representations of discourse referents*. Cambridge University Press.

Lerner, G. H.（1996）. On the "semi-permeable" character of grammatical units in conversation: Conditional entry into turn space of another speaker. In Ochs, E., Schegloff, E. A., & Thompson, S. A. (eds.). *Interaction and Grammar*. Cambridge University Press, pp.238–276.

Lerner, G. H.（2003）. Selecting next speaker: The context-sensitive operation of a context-free organization. *Language in Society*, **32**, 177–201.

Levinson, S. C.（1983）. *Pragmatics*. Cambridge University Press.（安井　稔・奥田夏子［訳］（1990）.『英語語用論』研究社出版）

Luff, P., Hindmarsh, J., & Heath, C. (eds.).（2000）. *Workplace studies: Recovering work practice and informing system design*. Cambridge University Press.

丸山岳彦（2015）.「発話の単位」小磯花絵［編著］『講座日本語コーパス 3―話し言葉コーパス−設計と構築』朝倉書店，pp.54–80.

丸山岳彦・高梨克也・内元清貴（2006）.「節単位情報」『日本語話し言葉コーパスの構築法』（国立国語研究所報告 124）, 255–322.〈http://pj.ninjal.ac.jp/corpus_center/csj/k-report-f/05.pdf〉

益岡隆志・田窪行則（1992）.『基礎日本語文法―改訂版』くろしお出版

松尾太加志（1999）.『コミュニケーションの心理学―認知心理学・社会心理学・認知工学からのアプローチ』ナカニシヤ出版

McNeill, D.（1992）. *Hand and mind: What gestures reveal about thought*. Chicago: University of Chicago Press.

McNeill, D.（2006）. Gesture, gaze, and ground. In Renals, S., & Bengio, S. (eds.). Machine learning for multimodal interaction, *Second International Workshop, MLMI 2005, Edinburgh, UK, July 11–13, 2005, Revised Selected Papers*. pp.1–14, Lecture Notes in Computer Science 3869, Springer.

水谷信子（1988）.「あいづち論」『日本語学』, **7**, 4–11.

中村和生 (2006).「成員カテゴリー化装置とシークェンスの組織化」『年報社会学論集』,
　　2006 (19), 25-36.

中村和生・樫田美雄 (2004).「〈助言者－相談者〉という装置」『社会学評論』**55** (2), 80
　　-97.

西川賢哉・小椋秀樹・相馬さつき・小磯花絵・間淵洋子・土屋菜穂子・斉藤美紀
　　(2004).「文節の仕様について」国立国語研究所・情報通信研究機構 [編]『日本語
　　話し言葉コーパス』マニュアル.〈http://pj.ninjal.ac.jp/corpus_center/csj/manu-f/
　　bunsetsu.pdf〉

大藪　泰 (2004).『共同注意―新生児から2歳6ヶ月までの発達過程』川島書店

岡田謙一・西田正吾・葛岡英明・仲谷美江・塩澤秀和 (2002).『ヒューマンコンピュー
　　タインタラクション』オーム社.

Pomeranz, A. (1984). Agreeing and disagreeing with assessments: Some features of
　　preferred / dispreferred turn shapes. In Atkinson, J. M., & Heritage, J. (eds.).
　　Structures of social action: Studies in conversation analysis. Cambridge University
　　Press, pp.57-101.

Richmond, V. P., & McCroskey, J. C. (1995). *Nonverbal behavior in interpersonal
　　relations.* Allyn & Bacon.（山下耕二 [訳] (2006).『非言語行動の心理学―対人関
　　係とコミュニケーション理解のために』北大路書房）

Sacks, H. (1972a). An initial investigation of the usability of conversational data for
　　doing sociology. In Sudnow, D. (ed.). *Studies in social interaction.* Free Press,
　　pp.31-74.（北澤　裕・西阪　仰 [訳] (1995).「会話データの利用法―会話分析事
　　始め」北澤　裕・西阪　仰 [編訳]『日常性の解剖学―知と会話』マルジュ社)

Sacks, H. (1972b). On the analyzability of stories by children. In Gumperz, J. J., &
　　Hymes, D. (eds.). *Directions in sociolinguistics.* Basil Blackwell, pp.325-345.

Sacks, H. (1992). *Lectures on conversation* vol.1 & 2. Blackwell.

Sacks, H., Schegloff, E., & Jefferson, G. (1974). A simplest systematics for
　　organization of turn-taking for conversation. *Language,* **50** (4), 696-735.（西阪　仰
　　[訳] (2010).「会話のための順番交替の組織―最も単純な体系的記述」H・サッ
　　クス他『会話分析基本論集―順番交替と修復の組織』世界思想社, pp.5-153.)

Schegloff, E. A. (1968). Sequencing in conversational openings. *American
　　Anthropologist,* **70** (6), 1075-1095.

Schegloff, E. A. (1982). Discourse as an interactional acheivement: Some uses of
　　uh huh' and other things that come between sentences. In Tannen, D. (ed.).
　　Georgetown University Rounctable on Languages and linguistics 1981: *Analyzing
　　Discourse: Text and Talk.* Georgetown University Press, pp.71-93.

Schegloff, E. A. (1988). Presequences and indirectness: Applying speech act theory
　　to ordinary conversation. *Journal of Pragmatics,* **12**, 55-62.

Schegloff, E. A. (1992). Repair after next turn: The last structually provided defense
　　of intersubjectibity in conversation, *American Journal of Sociology,* **97** (5), 1295-
　　1345.

Schegloff, E. A. (1996). Turn organization: One intersection of grammar and interaction. In Ochs, E., Schegloff, E. A., & Thompson, S. A. (eds.). *Interaction and grammar*. Cambridge University Press, pp.52–133.

Schegloff, E. A. (1998). Body torque. *Social Research*, **65**(3), 535–596.

Schegloff, E. A. (2000). Overlapping talk and the organization of turn-taking for conversation. *Language in Society*, **29**, 1–63.

Schegloff, E. A. (2007). *Sequence organization in interaction: A primer in conversation analysis*; 1. Cambridge, UK; New York: Cambridge University Press.

Schegloff, E. A., Jefferson, G., & Sacks, H. (1977). The preference for self-correction in the organization of repair in conversation. *Language*, **53**(2), 361–382. (西阪　仰 [訳] (2010).「会話における修復の組織―自己訂正の優先性」H. サックス他『会話分析基本論集―順番交替と修復の組織』世界思想社, pp.155–246.)

Schegloff, E. A., & Sacks, H. (1973). Opening up closings. *Semiotica*, **8**, 289–327. (北澤　裕・西阪　仰 [訳] (1995).「会話はどのように終了されるのか」『日常性の解剖学―知と会話』マルジュ社, pp.175–241.)

Schiffrin, D. (1987). *Discourse Markers*. Cambridge University Press.

Searle, J. R. (1969). *Speech acts: An essay in the philosophy of language*. Cambridge University Press. (坂本百大・土屋　俊 [訳] (1986).『言語行為―言語哲学への試論』勁草書房)

Searle, J. R. (1979). A taxonomy of illocutionary acts. In Searle, J. R. (ed.). *Expression and meaning: Studies in the theory of speech acts*. Cambridge University Press, pp.1–29. (野村恭史 [訳]「発語内行為の分類」山田友幸 [監訳] (2006).『表現と意味―言語行為論研究』誠心書房, pp.1–51)

関口勝己 (2012).『野球ステップアップシリーズ守備編I：内野手』ベースボール・マガジン社

Sidnell, J., & Stivers, T. (eds.). (2012). *The handbook of conversation analysis*. Chichester, Wiley-Blackwell.

Silverman, D. (1998). *Harvey sacks: Social science and conversation analysis*. Polity Press.

Streeck, J., Goodwin, C., & LeBaron, C. (eds.). (2011). *Embodied interaction: Language and body in the material world*. Cambridge University Press.

鈴木佳奈・山本真理・鈴木亮子・伝康晴 (2014).「遡及的に構成される発話連鎖の諸特徴」『第5回日本語コーパスワークショップ予稿集』, 109–116.

高梨克也 (2001).「社会的相互行為を「見る」方法」『人工知能学会誌』, **16**(6), 799–805.

高梨克也 (2002).「会話連鎖の組織化過程における聞き手デザインの機能」『社会言語科学会第10回研究大会予稿集』, 191–196.

高梨克也 (2007).「進行中の文に対する聞き手の漸進的予測のメカニズムの解明」串田秀也・定延利之・伝康晴 [編]『文と発話3―時間の中の文と発話』ひつじ書房, pp.159–202.

高梨克也 (2008).「社会的参照現象の時間的展開としての評価連鎖」『電子情報通信学会技術報告HCS2008-34』, 21–26.

高梨克也 (2009).「参与構造」坊農真弓・高梨克也［編］『多人数インタラクションの分析手法』オーム社, pp.156–171.

高梨克也 (2010).「インタラクションにおける偶有性と接続」木村大治・中村美知夫・高梨克也［編著］『インタラクションの境界と接続—サル・人・会話研究から』昭和堂, pp.39–68.

高梨克也 (2011a).「実社会で自然に生起する継続的なミーティング活動のフィールド調査の狙いと工夫」『人工知能学会研究会資料 SIG-SLUD-B101』, 55–62.

高梨克也 (2011b).「複数の焦点のある相互行為場面における活動の割り込みの分析」『社会言語科学』, **14**(1), 48–60.

高梨克也 (2013)「三者会話の調査・分析法」『日本語学』**32**(1), 58–69.

高梨克也 (2015a).「懸念を表明する—多職種ミーティングにおける野生の協同問題解決のための相互行為手続」『認知科学』, **22**(1), 84–96.

高梨克也 (2015b).「他者を環境とともに理解する」木村大治［編］『動物と出会うII—心と社会の生成』ナカニシヤ出版, pp.55–75.

高梨克也［編著］(2018).『多職種チームで展示をつくる—日本科学未来館「アナグラのうた」ができるまで』(高梨克也［監修］シリーズ「フィールドインタラクション分析」第1巻) ひつじ書房

高梨克也・坊農真弓 (2008).「情報媒体のある会話におけるマルチモーダルな基盤化過程の分析」『社会言語科学会第21回大会発表論文集』, 364–367.

高梨克也・常志強・河原達也 (2010).「聞き手の興味・関心を示すあいづちの生起する会話文脈の分析」『人工知能学会研究会資料 SIG-SLUD-A903』, 25–30.

高梨克也・伝 康晴 (2009).「節単位」坊農真弓・高梨克也［編著］『多人数インタラクションの分析手法』オーム社, pp.22–34.

高梨克也・藤本英輝・河野恭之・竹内和広・井佐原 均 (2005).「会話連鎖を利用した態度情報と参与者間関係の特定方法」『言語処理学会第11回年次大会発表論文集』, S.6–4.

高梨克也・加納 圭・水町衣里・元木 環 (2012).「双方向コミュニケーションでは誰が誰に話すのか？—サイエンスカフェにおける科学者のコミュニケーションスキルのビデオ分析」『科学技術コミュニケーション』, **11**, 3–17.

高梨克也・森本郁代 (2009).「発言権の構造」大坊郁夫・永瀬治郎［編］『講座社会言語科学3—関係とコミュニケーション』ひつじ書房, pp.100–119.

高梨克也・瀬戸口久雄・坊農真弓・河原達也 (2007).「ポスター会話における発話の情報構造と基盤化の分析」『人工知能学会資料SIG-SLUD-A702』, 21–28.

高梨克也・内元清貴・丸山岳彦 (2004).「『日本語話し言葉コーパス』における節単位認定」国立国語研究所・情報通信研究機構［編］『日本語話し言葉コーパス』マニュアル.〈http://pj.ninjal.ac.jp/corpus_center/csj/manu-f/clause.pdf〉

Tanaka, H. (1999). *Turn-taking in Japanese conversation: A study in grammar and interaction.* John Benjamins.

寺村秀夫（1987）.「聴き取りにおける予測能力と文法的知識」『日本語学』, **6**(3), 56-
68.（再掲（1992）.『寺村秀夫論文集II─言語学・日本語教育編』くろしお出版,
pp.97-114.）

Terasaki, A. K.（2004）. Pre-announcement sequences in conversation. In Lerner, G.
H.（ed.）. *Conversation analysis: Studies from the first generation.* John Benjamins,
pp.171-223.

内元清貴・丸山岳彦・高梨克也・井佐原 均（2004）.「『日本語話し言葉コーパス』にお
ける係り受け構造付与」『日本語話し言葉コーパス』マニュアル〈http://pj.ninjal.
ac.jp/corpus_center/csj/manu-f/dependency.pdf〉

臼田泰如・高梨克也（2014）.「起業コンサルテーション会話における「知識の非対称」
と「意向」─コンサルタントの質問を中心に」『日本語用論学会第16回大会発表論
文集』, 9-16.

山崎敬一（2004）.『社会理論としてのエスノメソドロジー』ハーベスト社

ザトラウスキー，P.（1993）.『日本語の談話の構造分析─勧誘のストラテジーの考察』
くろしお出版

ブックガイド

　本書の中で気になったトピックについては，次のような文献によってさらに理解を深めていってください．下記のリストの選択では，日本語で書かれており（あるいは翻訳があり），入手しやすそうなものをなるべく優先するようにしましたが，一部の重要なものについては，英語文献や現在では入手が困難なものも挙げています．研究者を志す方はまずはどれか一つだけでも構いませんので，英語文献にもチャレンジしてみてください．入手困難なものについては大学等の図書館などで検索してみてください．

◉会話分析全般

■サックス, H.・シェグロフ, E. A.・ジェファソン, G ／西阪　仰 [訳]（2010）.『会話分析基本論集―順番交替と修復の組織』世界思想社

前半は順番交替システム（**第1章**，**第5章**）に関する会話分析の記念碑的かつ最重要文献の邦訳です．独力で読み進めるのがなかなか難しい原論文が非常に平易かつ正確に翻訳されているだけでなく，理解しにくそうな箇所には必ず訳者による丁寧な訳注が付された労作です（その意味で，この翻訳自体もまた，日本の会話分析研究における記念碑です）．ぜひとも一度通読してみてください．

Sacks, H., Schegloff, E., & Jefferson, G. (1974). A simplest systematics for organization of turn-taking for conversation. *Language,* 50(4), 696-735.

後半は本書では**第2章** B-3 などのごく一部でしか取り上げることができなかった会話の修復 repair に関する次の基本文献の翻訳です．会話分析という分野における思考法の特徴がよく分かる文献です．

Schegloff, E. A., Jefferson, G., & Sacks, H. (1977). The preference for self-correction in the organization of repair in conversation. *Language,* 53(2), 361-382.

■串田秀也・平本　毅・林　誠（2017）『会話分析入門』勁草書房

現在の日本の会話分析を主導している日本人著者陣によって書かれた本邦初の本格的入門書です．会話分析の重要なトピックを選択し，1トピック1章で解説しています．
会話分析を専門的に学びたい方はぜひとも通読するようにしてください．

■サーサス. G. ／北澤　裕・小松栄一 ［訳］（1998）.『会話分析の手法』マルジュ社
（Psathas, G.（1995）. *Conversation analysis: The study of talk-in-interaction*. Sage.）

会話分析の基礎となる考え方について，主に会話連鎖の組織化（**第2章**）を中心としてコンパクトに解説した良書です．残念ながら，邦訳は現在では入手が難しいかもしれませんが，原書の方も非常にコンパクトなものですので，チャレンジしてみてください.

■ Schegloff, E. A.（2007）. *Sequence organization in interaction: A primer in conversation Analysis; 1.* Cambridge University Press.

会話分析の第一人者の一人であるE. A. シェグロフ自身による教科書です．**第2章**で取り上げた隣接ペアや拡張連鎖といった会話の基本的な連鎖構造について体系的に解説されています．学術誌掲載論文などでは英文が難解だと感じる方にとっても，この本はかなり平易に書かれていますので，お勧めできます（私自身も，同じ著者がこれほど平易に書けるものかと驚きました）.

■ Sidnell, J., & Stivers, T.（eds.）.（2012）. *The handbook of conversation analysis.* Wiley-Blackwell.

会話分析の「ハンドブック」という銘打ったものはこれ以外にはほとんどないと思いますので，「待望の」といえるかもしれません．会話分析の基礎となる考え方や会話の基本構造についての解説だけでなく，最新のトピックやさまざまな関連分野での応用研究の動向についても紹介されています．大著ですが，5部36章から構成されていますので，興味がある章だけを読むという使い方ができます.

■ Atkinson, J. M., & Heritage, J.（eds.）.（1984）. *Structures of social action: Studies in conversation analysis.* Cambridge University Press.

現在でも会話分析のさまざまな専門的研究において参照されることの多い論文を多数所収した論文集です．極端な言い方をすれば，「一つとして重要でない論文はない」という感じの基本図書です．どのような論文が所収されているかを把握しておき，自分が取り扱おうとするトピックに関連しそうな論文がある場合には，その論文だけでも読んでみるとよいと思います．個人的な話で恐縮ですが，私が初めて原典で読んだ会話分析の論文も本書所収の Heritage 論文でした.

◆語用論・社会言語学

■レヴィンソン, S. C. ／安井　稔・奥田夏子［訳］（1990）.『英語語用論』研究社出版
　（Levinson, S. C.（1983）. *Pragmatics*. Cambridge University Press.）

語用論は言語の「使用」を扱う言語学の一下位領域ですが，言語哲学のさまざまな知見を源泉としているトピックが多いです．この本はこうした語用論の代表的な教科書の一つです．と同時に，語用論の教科書の中でもかなり専門的で難解なものでもあるのですが，著者のレヴィンソンがそれぞれのトピックについての先行研究を紹介しつつ，その問題点を順番に批判していくという知的探究心に溢れた一冊です．言語行為論についての批判に基づき，これを乗り越える可能性を秘めたアプローチとして会話分析を紹介していることが印象的で，おそらく言語学者の多くが初めて会話分析の存在を知るきっかけとなった本です．本書の**第 2 章**でもこの部分の議論の構成の仕方を参考にしています．残念ながら，現在は邦訳書の入手は困難ですが，こうした歴史的経緯を踏まえて紹介しました．

■ Clark, H. H.（1996）. *Using language*. Cambridge University Press.

言語行為論についての哲学的な議論の伝統を継承しつつ，ここに会話分析のアイディアや心理言語学などの知見を取り込むことによって，リアルな会話データの分析にも耐えうるコミュニケーションの体系的なモデルを構築しています．本書の**第 3 章**で取り上げた「基盤化」の概念はこの本の中心的な概念の一つです．かなり簡潔な文体で書かれていますが，その記述は極めてよく考え抜かれた思考の結晶であるため，無駄がなく，唸らされる部分が多いです．個人的には，大学院レベルでの原書講読などのテキストとしては，この本が現在でも最も適したものだと思っています．逆にいえば，現在まで邦訳がないのが残念です．

■石崎雅人・伝　康晴（2001）.『言語と計算 3：談話と対話』東京大学出版会

人間と対話することのできる人工知能の開発などの分野でも，理論からデータ（コーパス）へという言語学で起こったのと同様のパラダイムシフトが起きました．こうした動向を背景に，前半では言語行為論を論理学的に厳密に定式化する方法論についての解説，後半では自然な対話コーパスの分析に必要となる記述的な枠組みの候補として，会話分析や Clark の理論などの導入がなされています．それぞれの論点が明快にまとめられていますので，「文系寄り」の本の言葉遣いや思考法などにはなじみにくいと感じている理工系の学生にとっては，他の文献よりもこの本の方がとっつきやすいのではないかと思います．

■『講座社会言語科学』全 6 巻，ひつじ書房

本書では会話分析を中心とした，会話データの比較的ミクロな分析を取り扱ってきましたが，社会における言語の使用についてもう少しマクロな視点でも捉えたいという方は，このシリーズの中の気になる巻を手に取ってみることをお勧めします．また，研究の方法論に興味がある方にとっては，「第 6 巻：方法」に含まれている定量的／質的分析に関する解説を読み比べてみるのも面白いでしょう．なお，本書**第 6 章**でも，このシリーズの中の 1 章が参照されています．

◆会話と文法

■ Ochs, E., Schegloff, E. A., & Thompson, S. A. (eds.). (1996). *Interaction and grammar*. Cambridge University Press.

会話分析の大家シェグロフと言語学者のコラボです．従来言語学の枠内で研究されていた「文法」というテーマを会話という相互行為の観点から捉え直すことを試みる論考集で，現在まで続く会話分析への言語学からのアプローチの端緒を開きました．**第1章**で取り上げたターン構成単位に関するトピックに興味を持った方はこの中の気になる論文を読んでみてください．

■串田秀也・定延利之・伝　康晴［編］『文と発話』全3巻，ひつじ書房

前掲書「Interaction and Grammar」に通じる問題意識に基づき，主に日本語のデータを対象として行われた研究を集めた論文集で，「第1巻：活動としての文と発話」，「第2巻：「単位」としての文と発話」，「第3巻：時間の中の文と発話」からなります．本書の中でも頻繁に用いた「発話」という概念についてより詳しく知りたい方はご参照ください．**第1章**の分析編で紹介した研究もここに所収されています．

■小磯花絵［編著］(2015)．『講座日本語コーパス3：話し言葉コーパス―設計と構築』朝倉書店

本書の第1章で紹介した『日本語話し言葉コーパス CSJ』の構築に携わったメンバーが中心となって執筆した教科書です．自然な話し言葉について科学的に研究するための多くの知見や工夫，注意点などについて知ることができます．これらの知見は本書の**第1章**で取り上げた「節単位」や**第3章**のあいづちの分析でも参照されています．

◆エスノメソドロジーなど

■前田泰樹・水川喜文・岡田光弘［編］(2007)．『エスノメソドロジー――人びとの実践から学ぶ』新曜社

本書では踏み込んだ解説をしませんでしたが，会話分析は社会学における「エスノメソドロジー ethnomethodology」というアプローチから生じてきたものです．そのため，会話分析の社会学としての側面をきちんと理解するためには，エスノメソドロジーの基本的な思想を押さえておく必要があります．この本はそのための最初の入門として適しています．信頼できる編者が選択した重要な用語・トピックについて，それぞれ10ページ弱の読みきりの形で読むことができますので，気になる部分から順に取り組むという使い方もできます．

■串田秀也・好井裕明［編］(2010)．『エスノメソドロジーを学ぶ人のために』世界思想社

前掲書と同様，エスノメソドロジーの入門書ですが，こちらはさまざまな生活場面や社会制度を取り上げ，それらについて第一線の研究者が自身の研究を紹介する形で論じていくという構成が中心になっていますので，この分野での具体的な研究の雰囲気を知るのに向いています．巻末にはこの分野の重要研究6件を取り上げた比較的詳しい解説もあります．

■フランシス, D.・ヘスター, S.／中河伸俊・岡田光弘・是永 論・小宮友根 [訳] (2014).『エスノメソドロジーへの招待：言語・社会・相互行為』ナカニシヤ出版（Francis, D. & Hester, S. (2004). *An Invitaion to Ethnomethodology: Language, Society and Interaction*. Sage.

イギリスの大学で学部生向けの教科書として使用されているものの邦訳です．著者らはエスノメソドロジーを「特別な種類の観察社会学」であると考えており，この「特別な」の意味が最初の２つの章と最後の第 11 章で社会学史的な背景も含めて解説されています．第 3 章から第 10 章では，こうしたエスノメソドロジーの考え方が教育や医療，組織，科学といったさまざまな社会的営みに即して具体的に展開されています．

■中河伸俊・渡辺克典 [編] (2015).『触発するゴフマン』新曜社

本書の**第 5 章**と**第 7 章**で紹介した E. ゴフマンはエスノメソドロジーの研究者ではありませんが，エスノメソドロジーや会話分析の隆盛期とほぼ同時代に活躍した社会学者です．その独特のアイディアや研究スタイルのうち，本書で紹介できたのはほんのごく一部に過ぎませんので，この社会学者に興味を持った方は最新の論考集であるこの本を手に取ってみてください．会話分析との関係（第 5 章）や参与枠組み（第 7 章）についての解説もあります．

◆会話分析の拡がり

■坊農真弓・高梨克也 [編著] (2009).『多人数インタラクションの分析手法』オーム社

本書の姉妹編ともいえるものですが，この本の方がより専門的で，また情報学や人工知能，ロボットなどの研究分野の読者も想定して書かれています．その意味では，上記の『言語と計算 3：談話と対話』などで提唱されてきた研究の方向性を引き継ぎ，そこに多人数会話（本書**第 5 章**）やマルチモダリティ（同**第 4 章**）といった最新のトピックを加えたものともいえます．また，本書ではあまり扱うことのできなかったジェスチャー分析について独立の章を立てて解説している点も特徴的です．

■山崎敬一 [編] (2004).『実践エスノメソドロジー入門』有斐閣

前半ではエスノメソドロジーや会話分析の基礎的な考え方と方法論が解説されていますが，より特徴的なのは，実社会における多種多様なフィールドでの調査を紹介した後半の「展開編」です．この点で，この本は本書**第 3 部**の内容のさきがけとなるものともいえます．どのようなフィールドでエスノメソドロジーや会話分析の手法が用いられ，どのようなことが解明されてきているかについて，ヴィヴィッドに感じられる本です．

■ Heath, C., Hindmarsh, J., & Luff, P. (2010). *Video in Qualitative Research: Analysing Social Interaction in Everyday Life*. Sage.

本書**第 7 章**で言及した「ワークプレイス研究」の主導的研究者たちによる，ビデオを用いた調査・分析の技法に関するコンパクトな教科書です．他の理論志向の教科書とは異なり，フィールドに入るところからビデオデータの分析，研究成果の発表まで，調査研究のステップに沿って非常に実践的に解説されています．また，ワークプレイス研究の具体的な研究事例の紹介という側面も持っています．ビデオ分析を活用したいと考えている非常に多方面の応用分野の関係者にとっても有用なものですので，邦訳が待たれるものの一つです．

■高梨克也［監修］『フィールドインタラクション分析』全5巻　ひつじ書房（2018年より順次刊行予定）

前二書と同様，会話分析などの相互行為分析の手法を具体的なフィールド調査に応用した研究シリーズですが，展示制作，鮨屋，ロボット演劇，介護施設，祭りの準備といった，それぞれに特徴のあるフィールドを各巻で一つずつ扱ったモノグラフ形式になっています．また，会話分析などの分析手法をフィールド調査で応用していく中で各著者が行っている試行錯誤の様子が垣間見えるという点でも，卒業研究などをしようとしている学生などにとって参考になるものだと思います．本書の第6章の理論編で取り上げた事例の一つもこのシリーズの第1巻からのものです．

■串田秀也（2006）．『相互行為秩序と会話分析－「話し手」と「共－成員性」をめぐる参加の組織化』世界思想社

本書でも取り上げた「参与役割」（第5章）や「成員カテゴリー」（第6章）といった会話への「参加の仕方」に焦点を当てた，国内の会話分析の第一人者の一人による研究書です．本書ではあまり取り上げることができませんでしたが，聞き手にいろいろな種類の聞き手がいるのと同様に，話し手についても話し手としてのさまざまな資格や役割があるということが中心的なテーマになっています．「研究書」というと難解なものをイメージするかもしれませんが，論旨は明快ながらも平易な日本語で書かれており，また日常会話の事例もふんだんに用いられていますので，気軽に読み進めることができるだろうと思います．

■西阪　仰（2008）．『分散する身体―エスノメソドロジー的相互行為分析の展開』勁草書房

前掲書と同様，この本も国内の会話分析の第一人者の一人による研究書ですが，こちらのテーマは相互行為の中での身体の使われ方です．本書の第4章や第7章の内容に関係していますが，何気ない身体動作のどのような部分に着目して分析するかや，こうした微細な観察・分析から理論的に重要などのような知見を導き出すかという点については学ぶところ大だと思います．われわれの多くにとって身近で，かつ面白い事例が扱われているという点でも前掲書と共通しています．

■片岡邦好・池田佳子・秦かおり［編］（2017）『コミュニケーションを枠づける－参与・関与の不均衡と多様性』（仮題）くろしお出版

本書の第5章と第7章で扱った「参与」と「関与」をテーマとした論考集です．本書第3部で議論したような日常生活環境の複雑さと多様性，そこで見られるさまざまな問題が具体的な事例分析に基づいて論じられています．

■高田　明・嶋田容子・川島理恵［編］（2016）．『子育ての会話分析－家族インタラクションと「責任」の発達』昭和堂

会話分析の分析手法を家庭環境での養育者と乳幼児，その家族を含む相互行為の分析に応用することを試みた論文集です．まだ言葉を十分に使うことのできない乳幼児が中心となる相互行為をどのように読み解いていくかという方法論的な挑戦でもあります．

初出一覧

　分析編で取り上げた研究事例は著者自身による下記の既発表の研究に基づい
ています．ただし，分析編ではこれらの既発表文献の中のそれぞれ一部だけを
用い，説明も本書向けに大幅に変更していますので，初出のものとはかなり異
なっていることにご注意ください．それぞれの研究についてより詳しく確認し
たい方は初出文献の方を参照してください．

【第 1 章分析編】
高梨克也（2007）．「進行中の文に対する聞き手の漸進的文予測のメカニズムの解明」串
　　田秀也・定延利之・伝　康晴［編］『文と発話 3―時間の中の文と発話』ひつじ書房，
　　pp.159–202.
【第 2 章分析編】
高梨克也（2008）．「社会的参照現象の時間的展開としての評価連鎖」『電子情報通信学
　　会技術報告HCS2008-34』，21–26.
【第 3 章分析編】
高梨克也・常志強・河原達也（2010）．「聞き手の興味・関心を示すあいづちの生起する
　　会話文脈の分析」『人工知能学会研究会資料SIG-SLUD-A903』，25–30.
【第 4 章分析編】
高梨克也・瀬戸口久雄・坊農真弓・河原達也（2007）．「ポスター会話における発話の情
　　報構造と基盤化の分析」『人工知能学会資料SIG-SLUD-A702』，21–28.
高梨克也・坊農真弓（2008）．「情報媒体のある会話におけるマルチモーダルな基盤化過
　　程の分析」『社会言語科学会第 21 回大会発表論文集』，364–367.
【第 5 章分析編】
高梨克也（2002）．「会話連鎖の組織化過程における聞き手デザインの機能」『社会言語
　　科学会第 10 回研究大会予稿集』，191–196.
【第 6 章分析編】
臼田泰如・高梨克也（2014）．「起業コンサルテーション会話における「知識の非対称」
　　と「意向」―コンサルタントの質問を中心に」『日本語用論学会第 16 回大会発表論
　　文集』，9–16.
【第 7 章分析編】
高梨克也（2011）．「複数の焦点のある相互行為場面における活動の割り込みの分析」，
　　『社会言語科学』14(1)，48–60.

事項索引

160

人名索引

著者紹介

高梨克也（たかなし かつや）
京都大学大学院人間・環境学研究科博士課程研究指導認定退学。博士（情報学）。
滋賀県立大学 人間文化学部人間関係学科 教授，一般社団法人社会対話技術研究所理事。
主要著作：『「間合い」とは何か：二人称的身体論』（共著，春秋社，2020），『指さしと相互行為』（共編著，ひつじ書房，2019），『多職種チームで展示をつくる―日本科学未来館「アナグラのうた」ができるまで』（編著，ひつじ書房，2018），『動物と出会うII―心と社会の生成』（共著，ナカニシヤ出版，2015年）『インタラクションの境界と接続―サル・人・会話研究から』（共編，昭和堂，2010年），『多人数インタラクションの分析手法』（共編，オーム社，2009年）他。

基礎から分かる
会話コミュニケーションの分析法

2016 年 6 月 30 日　初版第 1 刷発行	⎛定価はカヴァーに⎞
2022 年 3 月 30 日　初版第 3 刷発行	⎝表示してあります⎠

著　者　高梨克也
発行者　中西　良
発行所　株式会社ナカニシヤ出版
〒606-8161　京都市左京区一乗寺木ノ本町 15 番地

	Telephone	075-723-0111
	Facsimile	075-723-0095
Website	http://www.nakanishiya.co.jp/	
E-mail	iihon-ippai@nakanishiya.co.jp	
	郵便振替	01030-0-13128

装幀＝白沢　正／印刷・製本＝ファインワークス
Copyright © 2016 by K. Takanashi
Printed in Japan.
ISBN978-4-7795-1073-1

質的研究のための理論入門 ポスト実証主義の諸系譜
プラサド 著　箕浦康子 [監訳]
質的研究を生み出すさまざまな理論的系譜について、考え方、基本的概念、研究事例、そして批判点についても的確かつ明快に解説する。　　　　　　　　　　　　　　3800 円＋税

文献・インタビュー調査から学ぶ
会話データ分析の広がりと軌跡　現場と私をつなぐ社会学
中井陽子 [編著]
会話分析・談話分析などの会話データを用いた多様な分析の歴史的な発展・変遷と近年の広範な展開を文献とインタビューの調査から整理。　　　　　　　　　　　　　　2800 円＋税

最強の社会調査入門 これから質的調査をはじめる人のために
前田拓也・秋谷直矩・朴 沙羅・木下 衆 [編]
「聞いてみる」「やってみる」「行ってみる」「読んでみる」ことから始まる社会調査の極意。面白くてマネしたくなる最強の社会調査入門。　　　　　　　　　　　　　　2300 円＋税

同化と他者化 戦後沖縄の本土就職者たち
岸　政彦 [著]
祖国への憧れを胸に本土へ渡った沖縄の若者たち。それは壮大な沖縄への帰還の旅でもあった。気鋭の社会学者，衝撃のデビュー作。　　　　　　　　　　　　　　3600 円＋税

テストは何を測るのか 項目反応理論の考え方
光永悠彦 [著]
そのテスト，大丈夫？　PISA などに用いられている公平なテストのための理論（＝項目反応理論）とその実施法をわかりやすく解説。　　　　　　　　　　　　　　2500 円＋税

質問紙デザインの技法 [第 2 版]
鈴木淳子 [著]
自分のたずねたい質問を並べるだけの質問紙から卒業するには？　質問紙法の計画・準備・技法そして倫理的配慮まで体系的に解説。　　　　　　　　　　　　　　2800 円＋税

調査的面接の技法 [第 2 版]
鈴木淳子 [著]
科学的な情報収集・分析・記述を目的とする調査的面接の技法に関する，体系的・実践的な入門書の改訂版。　　　　　　　　　　　　　　2500 円＋税

社会調査のための計量テキスト分析 内容分析の継承と発展を目指して
樋口耕一 [著]
書簡や小説，メディアが発する記事など文書一般に表れる心理や実相の内容分析を質・量ともに実現する手法の解説と解析事例を紹介。　　　　　　　　　　　　　　2800 円＋税